JN209666

大学の危機と学問の自由

寄川条路 編
石塚正英
小川仁志
野中善政 著
福吉勝男
山口雪子

法律文化社

まえがき

四月二七日は「哲学の日」といって、紀元前三九九年のこの日に、古代ギリシアの哲学者・ソクラテスが亡くなっている。哲学の教師をしていたソクラテスは、対話をして相手に無知を思い知らせようとしたが、余計なお節介が災いし、相手から訴えられて死刑判決を受けてしまった。そこで弟子たちは、逃げるようにと勧めたものの、ソクラテスは法に従って獄中で自ら毒杯をあおって死んでしまった。ほんとうの話なのか作り話なのかはわからないが、哲学者の生き方としては筋が通っているように思う。当時の人たちから見ても愚かな生き方だったかもしれないが、でもそのような生き方をし、そして死に方をする人がいたことは、いまでも記憶にとどめておいてよいだろう。

さて、本書は、ソクラテスの死をまねて哲学者の生き方をしている人たちの話である。ただし、こちらは実話であって作り話ではない。学問を守るために、教育を守るために、表現を守るために、戦ってきた「学者」たちの希有な物語である。かつては「象牙の塔」と呼ばれた大学の中で、学生を相手に問答を繰り返してきた教授たちが、どのような生を受け、どのような法に従い、あるいは法に逆らって、そして最後には、どのような死を遂げるのかを、しっかりと見とどけていただきたい。

本書は、六つの章からなり、哲学から始まり倫理で終わる。

序章「大学教授とは何か?」は、哲学者を通して大学とは何かを問い、そして教授とは何かを問う、哲学的な問題提起である。第一章「明治学院大学「授業盗聴」事件とその後」は、大学が教授に無断で授業を録音し、無断録音を告発した教授を解雇した事件である。第二章「大学人の理性の「公的使用」」は、明治学院大学事件を受けて、大学本来の公共的なあり方を構築するための積極的な提言である。第三章「国立大学法人化による教授会運営の変化」は、法人化した大学運営と弱体化した教授会自治の帰結としての宮崎大学事件である。第四章「岡山短期大学「障害者差別」事件」は、大学が学生のクレームを利用し、視覚障害をもつ教員を教壇から排除した事件である。終章「人間学的〈学問の自由〉を求めて」は、軍産官学連携へ向かう昨今の大学に対し、人文・社会科学による倫理を構築する提言である。

以上のように、本書は、日本の大学が直面する危機を知り、それを乗り切ることで、大学における学問・教育・表現の自由を守ろうとする戦いの書である。

編者は昨年、『大学における〈学問・教育・表現の自由〉を問う』（法律文化社、二〇一八年）を刊行した。これは、憲法学者による意見書だった。これを理論編とすれば、本書はその実践編にあたる。さらに、続刊を予定しているので、執筆を希望する読者は、編者（yorikawa@gmail.com）まで問い合わせていただきたい。

編　者

目次

序章　大学教授とは何か？

小川　仁志

ある不可解な事件が起こった。筆者のよく知る哲学者の身にふりかかった事件だ。仮にその哲学者をA氏としよう。A氏は高名な哲学者だ。その名を知っている人は、皆彼を知者だと思っている。豊富な知識、深い洞察、批判的精神、そして人々を魅了するユーモア。

彼は辛辣なことをいったり、ユーモアを交えて真実を突いたりするのが得意だ。なぜなら、それは彼の仕事だから。若者たちを相手に、権力批判をしたり、つまり自分の属する共同体の悪い部分を指摘したり、時には仲間を困らせたりする。でも、それは彼が悪いわけではない。正しいと思ったことをしているだけなのだ。

ただ、あの時はまずかったようだ。A氏は神様を批判してしまったのだ。自分の属する共同体で常識ともされている神様を批判してしまった。しかし、そのどこがまずいのか？　彼にとっては何もまずくないし、聞いている若者たちだって、何ごとも批判的に見る力がつくのだからちっとも悪くないはずだ。

つまり、その神様を信じる人たちにとってまずいというだけの話だ。そのため、なんと彼は裁判に巻き込まれるはめになってしまったのだ。みんなが信じる神様を批判し、若者をたぶらかしたのが悪だというのだ。もちろん、そんな話がばかげていることは誰もが承知だ。その背後には政治的な意図があることも見え見えだ。

とはいえ、裁判は弁論する者の手八丁、口八丁で白が黒になってしまう世界だから手は抜けない。A氏は持ち前の明晰な思考とユーモア、そして皮肉たっぷりの雄弁さで裁判に応じた。自分は正しいことをしたまでだと。人々に対して、自分が本当に正しいのかどうか吟味する機会を与えないと、皆堕落してしまうと。それが決して善いことであるはずがない。未来ある若者にとっては特にそうだろう。

自分の考え方、生き方が正しいかどうか吟味しないと、ただのお金の奴隷になってしまう。A氏はそう信じていたのだ。もしかしたら彼は、素直にかわいく謝ってさえいれば、このようなはめにはならなかったかもしれない。でも、そんな人間ではない。それでは自分は善く生きることができないとわかっているからだ。

さて、もうお気づきかもしれないが、これは哲学者寄川条路氏が不当に解雇された「明治学院大学事件」の話ではない。哲学の父ソクラテスの裁判に関する話だ。プラトンが書いた『ソクラテスの弁明』という本に記された、ソクラテス裁判の話である。ところが、おそらく多くの方は、寄川氏の話だと思って読み進められたに違いない。

なぜか？

それは、哲学者寄川条路氏の身にふりかかった災難が、哲学の父ソクラテスにふりかかった災難と同じ本質を有していたからにほかならない。本書の読者はご存知のことと思うが、寄川氏は所属する大学の建学精神であるキリスト教批判を行ったかどで、勤務先から不当に解雇されてしまった。そこで寄川氏は大学を相手どって裁判を起こしたのだ(1)。

もちろんソクラテスの方は訴えられたのに対して、寄川氏は解雇されたのがおかしいとして自ら訴えを起こしたという違いはある。しかし、事件の本質は同じなのだ。つまり、どちらも正しさを吟味するために知を愛したにすぎない。

ソクラテスの場合も寄川氏の場合も、その行為が不当にも権力によって押さえつけられているのである。ソクラテスは裁判の結果死刑になるが、現代を生きる私たちは、誰一人としてソクラテスに非があったなどとは思っていない。当時は陪審制だったので、投票する人々の中に保身に走る者が多かっただけのことである。

だからこそソクラテスは哲学の父となり、二千数百年の時を超え、世界中で尊敬されているのである。正しさを吟味するために知を愛するということが、いかに大切か。それはこの二千数百年の間に人間が犯してきた罪を思えば、容易に答えが出る。ヨーロッパの宗教戦争や、先の世界大戦を思い浮かべるだけでも十分だろう。

寄川氏は地裁での裁判に勝利した。こちらは職業裁判官が判断するので、当時のギリシアのようなことにはならなかった。いや、仮に寄川氏が裁判で負けても、寄川氏の行為が哲学者として正当なものであったことは、歴史が判断するに違いない。

あるいは裁判所の判断は、権力が肥大化しつつある今、寄川氏のような勇敢な行為が求められていることのメッセージなのかもしれない。三権分立が死んでいないとすればの話だが。そうでないと、社会がさらに閉塞的になってしまうことを予感し始めているのだろう。

そんな事態を防ぐためには、私たちは時に神を信じる気持ちさえ疑う必要があるのだ。ソクラテスはそのことを教えてくれている。そしておそらくは寄川氏も。ソクラテスは、自らをアブに喩えた。ブンブンと人にまとわりつく、うっとうしい存在だ。だけどそのうっとうしさのおかげで、皆道を踏み外さなくてすんでいるのだ。

この世の中では、誰かがその嫌な役割を担わなければならない。そうでないと、多くの人たちが道を踏み外してしまいかねないからだ。大学教授はすべからくそうした役割を担う必要があるように思われる。皆さんの中には、これは哲学者という特殊な存在にとっての受難話であって、大学教授全体にかかわるものではないと思われているかもしれない。はたしてそうだろうか？　筆者はそうは思わない。すべての大学教授はソクラテスのはずだからだ。

ソクラテスは、正しさを吟味するために知を愛することにこだわった。たとえそれが自らの属する共同体を批判する結果になったとしても。そしてたとえそれが自分の社会的立場を危うくする結果になったとしても。

正しさを吟味するために知を愛するというのは、哲学者に限らず、あらゆる大学教授にとっての使命だからだ。もし、お金のため、保身のため、その他の理由からこの使命を犠牲にするとすれば、もはや大学教授の仕事を放棄しているといわれても仕方ない。

大学が高校までの教育機関と大きく異なるのは、研究機関でもある点だ。つまり、大学教授とは、教育者であると同時に研究者である点が特徴なのだ。先ほどの、正しさを吟味するために知を愛するというのは、まさに研究の言い換えにほかならないわけである。

多くの大学教授は博士の学位を取得している。それは研究者としてその専門を究めていることの証である。英語ではPh.D.と表記されるが、このPhはphilosophyを意味している。その点でも、あらゆる大学教授は哲学者たることを求められているのではないだろうか。

それを実現するためには、環境が整っていないといけない。先日、「大学教授とは何か?」というテーマで市民と共に「哲学カフェ」を行った。議論が進むにつれ、大学には自由が保障されていないと、いい研究やいい教育ができないという意見が広がっていった。賢明な市民はわかっているのだ。

現状はその逆である。大学はますます自由を失い、大学教授は不自由な中で知を愛することを制限され続けている。これは多くの先人たちがすでに警告していた事態である。大学教授を主題にした本を図書館で探していたとき、ふと『大学教授——知識人の地獄極楽』という本に出くわした。著者は当時法政大学教授であった本多顕彰氏。出版はなんと昭和三一年。この本は大学教授の学内事情を暴露したものとして、ベストセラーになったようだ。その中に次の一節がある。

「学者たちに、それぞれの可能性を十分に試(た)めさせ、十分に発揮せしめよ。月給が少ないとか、研究設備が不完全だとか、研究書が不足だとか、研究の自由が制限されるとか、といったような、学者が怠けうる口実となる悪条件をいっさい排除して、全部の責任を彼らに負わせて、弁解を許さない研究をさせてみよ[2]」。

日本が戦後発展してきたのは、こうした大学教授の警告に真摯に耳を傾けてきたからではないだろうか。とするならば、今の日本が国際競争に負け、国内でも先の見えない閉塞感を抱えてしまっているのは、大学教授の自由を奪ってしまっているからだといってはいい過ぎだろうか。

筆者自身、大学に勤める者の一人として、大学教授の自由を守る責務があると自覚している。本章の執筆を引き受けたのもそうした思いからだ。大きな力を持つ者や組織を批判すると、自分自身がにらまれることになる。それが世の中だ。しかし、哲学する者として、ソクラテスの遺志を受け継ぐ者として、筆者は逃げ隠れすることはできなかった。そんなことをするのは、哲学の死を意味するのだから。

この世にはまだまだソクラテスを必要としている人たちがたくさんいる。言論の自由が封殺されているのは大学だけではない。社会全体がそうなのだ。とはいえ、皆さんが大学教授に何を求められているのか、本当のところ筆者にはわからない。もしかしたら、中には大学教授はもっと大人しくしていればいいと思っている人もいるだろう。自分の子どもが批判的精神を植え付けられ、ひねくれてしまったら困ると思う親もいるかもしれない。あるいは大学の中にも、権力批判などされては行政や政治からにらまれるだけだからやめてほしいと思っている人もいるかもしれない。しかしそれが正しい態度なのかどうかよく考えてもらいたい。そのヒントにしていただくためにも、『ソクラテスの弁明』の最後に出てくるソクラテス本人の言葉で本章を締めくくりたい。

「ですが、もう去る時です。私は死ぬべく、あなた方は生きるべく。私たちのどちらがより善き運命に赴くのかは、だれにも明らかではありません。神は別にして(3)」。

注

（1）ここでは事件の概要を簡略化しているが、詳細については寄川条路編『大学における〈学問・教育・表現の自由〉を問う』（法律文化社、二〇一八年）を参照いただきたい。

（2）本多顕彰『大学教授——知識人の地獄極楽』（光文社、一九五六年）一三六ページ。

（3）プラトン『ソクラテスの弁明』納富信留訳（光文社、二〇一二年）一〇六ページ。

第一章　明治学院大学「授業盗聴」事件とその後

「先生がどのような発言を学生にしているのかを調査する必要がありました。そこで、教職員が直接聞くこととなり、聞き逃す可能性があったので録音したのです。」（大学当局）

寄川条路

一　「明治学院大学事件」とは何か

明治学院大学事件とは、大学当局が教授に無断で授業を録音し、無断録音を告発した教授を解雇した事件のことである。この事件はその後、大学における学問・教育・表現の自由の根幹を揺るがす大事件となり、裁判所によって大学当局による教授の解雇は無効であるとの判決が下されるに至った。このたび、判決までの事件の概要を伝えるブックレット『大学における〈学問・教育・表現の自由〉を問う』（法律文化社、二〇一八年）が刊行されたので、その後の状況について報告しておきたい。

二　組織を守るための授業録音と教科書検閲

まず、事件の概要を説明しておく。

二〇一六年一二月、大学の違法行為を告発したために解雇された教授が、地位確認を求めて東京地方裁判所に提訴した。訴えによると、明治学院大学は、授業を盗聴され秘密録音されたことを告発した教授を懲戒解雇していた。大学の組織的な違法行為を告発して解雇されたのは、教養科目の倫理学を担当する教授で、大学当局が教授の授業を盗聴して秘密録音し、授業の録音テープを本人に無断で使用していた。

大学当局によれば、明治学院大学では授業の盗聴が「慣例」として行われており、今回の秘密録音も大学組織を守るために行ったとのこと。この点について副学長は次のように語っている。「組織を守るための一つの手段として録音が必要だったわけですから、何も問題ないです」。

教養科目を担当する別の教員もまた、授業を盗聴されたうえ「職務態度に問題がある」との理由で解雇されていた。

明治学院大学では、授業を調査するための盗聴ばかりか、大学の教育理念であるキリスト教主義を批判しないように、授業で使う教科書を検閲したり、学生の答案用紙を抜き取って検閲したり、プリント教材を事前に検閲して配付を禁止したりしていた。

「大学の慣例では、授業もテストも公開されていますので」というのが、当局の主張だ。

ところが、教授が大学当局による授業の無断録音を公表すると、大学側は「名誉を毀損された」との理由で教授を解雇してきた。そこで、解雇された教授が裁判所に地位確認の訴えを起こしたので、授業を秘密録音して教員を解雇した「目黒高校事件」（一九六五年）と同様、学問・教育・表現の自由をめぐって争われることになったのである。

では、事件の詳細を見ていこう。

三　明治学院大学「授業盗聴」事件の詳細

二〇一五年四月、春学期一回目の授業を聞くため横浜キャンパスでもっとも大きな七二〇教室に二〇〇人の学生が集まっていた。そこに、授業を調査するように指示された職員がこっそりと忍び込んでいく。教授が話し始めると、職員はあらかじめ用意していたスマホを使って教授の発言を録音する。授業が終わると、職員はスマホの録音データをＩＣレコーダーにダビングして、これを調査委員会に手渡すのである。

調査委員は録音を聞き、テープ起こしされた反訳を読んだうえで、調査対象の教授を呼び出して尋問する。授業の録音があることは隠したまま、教授に対し、「授業の中で、大学の方針に反対すると語っていたのか」と、詰問していく。その後、調査委員長が尋問の結果を教授会に報告して、その教授を処分するのである。これが明治学院大学の伝統的なやり方である。

大学当局は、法に触れないぎりぎりのところで盗聴行為を繰り返して秘密録音をする。日本の法律では、民事では、盗聴も秘密録音も違法行為とはならないので禁止されてはいないし罰せられることもない。このあたりは顧問弁護士がしっかりしていて、大学執行部や調査委員会に事前に指示を出しておく。

慣例的に授業の盗聴を行っている明治学院大学では、法的な対応にはぬかりがない。たとえ盗聴行為や秘密録音がばれたとしても、裁判にでもならなければ決して事実を認めることはないし、ましてや録音者や録音資料を開示することもしない。「録音について説明する必要も開示する義務もない」というのが、大学当局の見解だ。

二〇一五年一二月、明治学院大学は、授業の中で大学の運営方針を批判していたとして教授を厳重注意する。本当は懲戒処分にしたかったのだが、大学を批判した程度で懲戒処分にすると裁判で負けるという顧問弁護士のアドバイスに従って、とりあえずは注意したことにして、次の機会に確実に解雇できるように注意を重ねていく。明治学院大学ではこれを「がれき集め」と呼んでいる。

ところが、ここから予期せぬ方向へと話は展開していく。厳重注意がなされたので、授業を無断録音された教授は、録音テープを使用した調査委員長の名前を公表して大学当局を告発する。教室に忍び込んで録音していた者を特定して訴えようとしたのである。

大学の不正行為を知った学生は、手分けをして情報収集に出かけて行く。調査委員長のところに行った学生によると、「大学の方針に反対する教員が複数いて、教授もその一人だったから、授業を録音した」のだという。学生は調査委員長のことばを録音していた。

大学当局による授業の盗聴と秘密録音が学生たちのあいだにも知れ渡ると、大学は開き直って、授業の録音は正当なものであると言い逃れをしてきた。にもかかわらず、調査委員長があたかも不正行為にかかわったかのごとき告発をしたので、大学側は当該の教授に訂正と謝罪をさせようとしてきたが、あわてて火消しに走ったため、逆に、学生たちが教授を支援したり、大学を非難したりするに至り、事態は炎上した。

教授が行ったアンケート調査によると、多くの学生が大学の盗聴行為を「犯罪」だと非難していた。この調査結果を教授が公表しようとすると、ついには理事会が出てきて、二〇一六年一〇月になって録音行為を告発した教授を懲戒解雇したのである。

ところが、懲戒解雇はハードルが高いので裁判では認められないという顧問弁護士からの助言もあり、ハードルの低い普通解雇を抱き合わせにして、教授を解雇することにした。普通解雇の理由は何もなかったから、いつのまにか、明治学院大学のキリスト教主義を批判する不適切な教員ということになっていた。

理事会は、まずは解雇しておけばよいだろうと考えて、たとえ裁判になっても、どうせ民事だから金さえ払えば済むものと予想していた。ここが、明治学院大学の浅はかなところだ。

顧問弁護士と相談した副学長は、「定年までの賃金の半分を支払えばよいから、八〇〇〇万円から九〇〇〇万円くらい、解雇が無効だとしても、一億円から一億数千万円の和解金を支払えば済む」と豪語していた。こんな生々しい話もしっかり録音されていて、資産が一〇〇〇億円を超える明治学院らしい話になってきた。

弁護士にはよく知られた話だが、明治学院には「前科」があって、二〇一〇年にも不当解雇裁判で敗訴しており、解雇した職員に数千万円の解決金を支払っていた。

さて、二〇一六年一〇月、解雇された教授が東京地裁に地位確認の労働審判を申し立てたところ、労使双方からなる労働審判委員会は、すぐさま解雇を無効として教授の復職を提案したが、大学側が拒否したため和解は不成立となった。そこで、二〇一六年一二月、教授が東京地裁に地位確認を求めて提訴したのである。

原告と被告の双方から数回にわたって書面が提出されたのち、原告一名と事件にかかわった被告三名の証人尋問があり、その後、和解協議に入った。二〇一八年四月、東京地裁は、解雇の撤回と無断録音の謝罪を和解案として提示するものの、大学側が謝罪を拒否したので和解は不成立となる。そしてついに、二〇一八年六月二八日、解雇は違法であるとの判決が下ったのである。

四　明治学院大学「教員解雇」事件の判決

「明治学院大学事件」の判決文は、次のとおりである。

一　原告が被告に対して労働契約上の権利を有する地位にあることを確認する。

二　被告は、原告に対し、三三万二七一四円及びこれに対する平成二八年一〇月二三日から支払い済みまで年五％の割合による金員を支払え。

三　被告は、原告に対し、平成二八年一一月二二日からこの判決の確定の日まで、毎月二二日限り、六九万八七〇〇円及びこれに対する各支払期日の翌日から支払済まで年五％の割合による金員を支払え。

四　原告のその余の請求をいずれも棄却する。

五　訴訟費用は、これを一四分し、その五を原告の負担とし、その余は、被告の負担とする。

判決内容を簡単に解説すると、一は解雇無効なので教授の地位を認め、二と三は賃金を認めたが、四は慰謝料を認めないというもので、五の裁判費用の負担割合からわかるように、原告の七割勝訴である。

結論としては、大学による解雇は労働契約法の解雇権を濫用したものだから無効であり、教授の地位と賃金は認めたものの、授業の無断録音は教授の人格権を侵害するものとまではいえないから慰謝料は認めない、というものだった。

まず、懲戒解雇について見ると、大学は教授の四つの行為（①録音に関与した教員の氏名を公表したこと、②教授会の謝罪要請に応じなかったこと、③無断録音について学生にアンケート調査をしたこと、④調査結果を公表しようとしたこと）について、就業規則の懲戒事由に該当すると主張していた。裁判所は、①と②について、教授にも落ち度があるとして就業規則への該当性は認めたものの、大学が録音行為について何ら説明していないこと、教授会の要請が教授の認識に反する見解を表明させるものであることから、懲戒解雇には該当しないと判断した。

次に、普通解雇について見ると、大学は教授の授業における言動やキリスト教を批判する教科書を解雇理由として主張したが、裁判所は、教授の言動もそれほど重大なものではなく意見聴取もされていないし、教科書のキリスト教批判も風刺と理解できるから普通解雇には該当しないと判断した。

そして、慰謝料請求について見ると、教授は無断で授業を録音されたから人格権が侵害されたと主張したが、大学が録音したのは一回目の授業で行われたガイダンス部分であったから、研究や教育の具体的な内容を把握するためのものではないし、録音は大学の管理運営のための権限の範囲内において行われたから適法だという。以上の理由から、裁判所は、授業の無断録音は、教育基本法の不当な支配には当たらず、教授の研究活動を侵害し自由な教育の機会を奪うものではないと判断した。

判決の意義としては、大学当局に反対の意見を表明した教授の解雇について、裁判所が大学教授に憲法二三条の教授の自由が保障されていることを重視して、解雇を無効と判断した点は評価できる。大学の組織運営に対する反対意見を表明したり、大学が標榜する教育理念を批判したりするだけで解雇するといった不寛容を許さないという意味がある。しかしながら、裁判所が一般論として教授に断ることなく授業を録音することは不法行為を構成すると認めながらも、本件では録音がおもに初回授業のガイダンスであった点を重視するあまり慰謝料請求を否定した点に不満が残った。

五　「明治学院大学事件」の現在

二〇一八年七月、被告の明治学院大学は、東京地裁の判決を不服として東京高裁に控訴した。ついで、原告の教授も慰謝料の支払いを求めて東京高裁に控訴した。こうして、双方が控訴した結果、本件はひきつづき高裁にて審理されることになった。

二〇一八年一〇月、一回目の裁判期日のあと、両者はすぐに和解協議に移った。一二月から翌年三月まで、五回の和解協議が行われ、双方から和解案が出されたものの、立場の違いは大きかった。そして三月末日、裁判所が提示した和解案は、解雇の撤回、大学の謝罪、解決金八〇〇〇万円の支払いなどであり、電話協議を通じてぎりぎりまで交渉を行ったが、和解はついには成立しなかった。

二〇一九年四月、裁判官の異動により担当が交代して仕切り直しとなった。場合によっては、再度の和解協議に入り、審理を経て判決が下されることになっている。

これまでのところ、労働審判では復職の提案がなされ、地方裁判所では解雇無効の判決が下されたので、教授の二連勝なのだが、高等裁判所ではどうなるのか、そして最高裁判所ではどうなるのか、まだまだ予断を許さないので、これからも裁判を注視していきたい。

裁判記録は裁判所で閲覧することができるが、それとは別に、裁判記録の出版も始まった。寄川条路編『大学における〈学問・教育・表現の自由〉を問う』（法律文化社、二〇一八年）を読むと、事件の全貌がわかるので、ぜひ参照していただきたい。東京地裁による解雇無効判決に至るまでの事件の概要、法学者による意見書、判決文およびその解説を収めた全実録である。つづいて、法学者の論文集や大学側の証言集などの刊行も予定されている。

六　明治学院大学の最新情報

最後に、明治学院大学の最新情報をお届けしたい。

理事会は、学生定員を一五パーセントも増加する決定をしたにもかかわらず、教養科目の担当教員は二〇パーセントも削減する方針を打ち出してきた。大学当局は、これに合わせて、授業態度が悪いといって言語文化論の講師を解雇し、大学を批判したといって倫理学の教授を解雇した。解雇されたのは、学生による「人気授業ランキング」で一位と二位の教員であった。

人件費の削減に貢献したセンター長と主任教授は、その功績によって副学長と学部長に昇格し、いつのまにかキリスト教徒にもなって理事会のメンバーに抜擢された。その後、大学内で日常的に横行している「非公式の懲罰や私刑や制裁」を告発した、哲学の教授も解雇された。

明治学院大学のニュースメディア「明学プレス」によると、「大学を追われた教授は多数いる」とのこと。次に首を切られるのは誰だろうか。教授たちはひたすら自らの保身だけを考え、首を縮めて声を押し殺している。

理事会のほうは、浮いたお金でキャンパスを移転し、新学部にスポーツ学科まで作ってキリスト教を宣伝するのだそうだ。だが、キャンパス移転の説明会も、一部の人間の利得だけで動いていて、しかも内容が幼稚で杜撰すぎ、この大学は一貫性がなく何から何まで思惑だけで動いているのが露見しただけだったという。

地裁判決後、大学の中では、解雇を強行した理事会の責任と、無断録音を指示していた学長・副学長の責任を問う声も上がってきており、事態の収束を図ることのできない顧問弁護士への風当たりも強くなっていると聞く。学内には憤慨している教員もたくさんいるようだから、その声もしだいに大きくなってくるのだろう。

第二章　大学人の理性の「公的使用」

福吉勝男

今回の「明治学院大学事件」（教養教育センター教授・倫理学担当の寄川条路氏解雇事件）において、授業の盗聴、秘密録音、教科書検閲等が行われていたことが明らかになった。それらの行為が寄川教授と同僚の教員、および同大学職員によって行われていた。

為してはならない行為が、該当してはならない人たちによって行われていたことの有する意味は重大、かつ深刻である。

なぜなら、大学はその設置形態の相違にかかわらず、国公私立のいずれの場合であっても公的性格をもっているからである。その法的根拠は、いかなる大学も国による学校法人の認定のもとで税の優遇措置を受け、また大学運営のために国民の税金からの補助金を交付されている点にある。

公的性格をもつ大学に勤務する教員と職員は、職務の違いがあっても相補関係にあり、互いに協力して研究環境を整備し、研究に基礎をおいた学生への教育の充実のために努力すべきなのである。とりわけきわめて多様な要求やニーズを有する、国民の子弟である学生への教育に直接タッチする教員の授業の内容や方法については、ほぼ完璧にといってよいほどに教授者の自由に委ねられるべき事柄である。

ヨーロッパの中世期から発する大学の歴史からして、またとりわけ近代大学の出発点での重要な確認事項を振り返ってみても、大学の自治と学問の自由、教授や表現の自由とは一体的なものとして重視されてきた。

〈教員の授業の内容や方法はほぼ完璧に自由〉だと先に書いたが、文字通り何をやってもよい自由ではない。何もの・何人への根拠のない誹謗や中傷、また暴力行為の伴う反対行動等の自由が認められないのはいうまでもない。教員に自己規律が求められるのは自明のことである。

大凡の私立大学において、創立者の言動の特徴が大学の理念ないし精神として尊重され、文書として配布される。この点が国公立大学との大きな違いだ。創立者ないしそれに準ずる人物の言動を尊重すべしは大切なことではある。だが尊重し過ぎてはならないと思う。尊重過剰はその人物を絶対化し、その人物の言動の特徴を経文化しかねない危険性をはらむ。すなわちそれらへの批判を許さず、批判者を魔女狩りしたり追放・抹殺へと向かいかねないからである。

では、創立者らの言動の特徴への批判は本来どうあるべきなのか。根拠なき誹謗や中傷は許されない。しかし真っ当な批判は当然あって然るべきなのである。というよりも、正当な批判は批判された当のものの価値をむしろ高め、その輝きをいっそう増大させるはずである。批判に耐えられない創立者らの言動はもともと価値のなかったものとみなされねばならないであろう。そして批判のない従順や暗黙の同意なる精神のあり方こそ、大学の沈滞の原因にさえなると筆者は考える。

寄川教授の授業に対する同僚教職員による盗聴、秘密録音や教科書検閲などが決して許されないことの法律上の根拠づけや説明は、憲法学者・教育法学者・弁護士から詳しく行われている。諸氏と異なって当該問題に対する筆者のスタンスは、冒頭の説明から理解していただけるように、大学および大学人の有する公的性格に鑑みてのものになっている。私学（の教職員）といえどもそうなのだ。その理由はすでに述べたとおりである。

では、公的性格を有する大学人にとって、つねにこころし大切にしておかねばならない精神態度はどういうものだろうか。それは理性の「公的使用」に留意するということである。理性の「公的使用」については理性の「私的使用」との対比で、その重要性を強調した一八世紀のヨーロッパを代表するドイツの哲学者I・カント（一七二四―一八〇四）を想起される方も多いであろう。

そのとおり筆者も念頭においているのはまさにカントにほかならない。ただし、カントのこれらの言葉の原語と和訳語とのズレ、それらの真の意味内容には十分に注意して理解し直す必要がある。それは以下の事情からだ。

「公共の（öffentlich）目的」を推進させるべく「公的な（bürgerlich）業務」に携わる人における、理性の「公的使用」・「私的使用」とカントがよぶ場合の〈公的〉は〈öffentlich〉で、〈私的〉は〈privat〉なのである。この原語に関連してとりわけ留意すべきは、〈公的〉と従来和訳されてきている原語の〈öffentlich〉についてである。これは英語の〈open〉にあたるのはいうまでもないが、大事なのは何に・誰に対して〈開かれている〉のかという点だ。

「公共の目的」を推進すべく「公的な業務」に携わる人の〈開かれている〉方向は、カントが明記する〈Publikum〉、つまり「公共・公衆」（英語のpublic）——今の場合「市民」（Bürger）といっても違いはない——へ向かっての他にはない。決して国家や政府としての〈公〉へということではないことに留意が必要である。だから理性の〈公的使用〉の〈公的〉は〈公共・公衆に開かれた〉であり、逆に〈私的〉は組織や機構内向きに限られた、つまり〈公共・公衆に閉じられた〉ということになる。カントは前者の、〈公共・公衆に開かれた〉理性使用の勇気をもつことこそ、近代化（啓蒙）を切り拓いていく推進力になるとして重視したのだ（カント『啓蒙とは何か』篠田英雄訳（岩波文庫、一七八四年）一〇—一一ページ参照）。

こうしたカントの考えを援用しながら、公的性格を有する大学に関わる大学人には理性の〈公的〉、つまり〈公共・公衆に開かれた〉使用が本質的に求められるということを筆者は強調したい。その場合、前提としてないし基本構成要素として少なくとも次の二つがあることの確認が重要である。大学内での自由な意見交換があることを前提として、①開かれた対象である公共・公衆の第一は学生たちであり、次には大学外の一般市民たちだということである。②発言・表現の自由はどこまでも保証されるということであり、論評・批判・反論等の自由がそこに含まれるのはいうまでもない。

以上の点に照らし合わせて今回の「明治学院大学事件」を評価すると、大学人の理性の「公的使用」とは根本的に相応しくない事項が満載である。授業の盗聴や秘密録音、また教科書内容の検閲にあたる行為、大学理念への批判に対する不寛容、あげくに当該の寄川教授の解雇措置など。これら〈盗聴〉や〈秘密〉、また〈検閲〉といった事柄はすべて、公開や公表とは正反対のものであり、それゆえそれに関わる行為は大学人の理性の「公的使用」とは無縁の、理性の「私的使用」というべきか。否、そればかりではなく、理性ではない非理性の「私的使用」と称さねばならない様相を呈していると筆者は思う。

したがって解雇を通告された寄川教授が原告となって地位保全等を求めて大学（被告）を訴えた裁判において、東京地方裁判所が下した判決内容は正当なものといえる。

判決内容の主文は、すでに明らかなように五項目からなっていて、その要点はこう——①原告の労働契約上の地位確認、②と③原告に対する被告の金員支払命令、⑤訴訟費用の原告・被告の負担割合は各々一四分の五：一四分の九。これらは原告の寄川教授に対する解雇は認めず、地位確認と賃金請求を認め、その履行を被告の大学に命じた点などは、裁判事項に不案内の筆者などからみても正当だと思える。

問題は④「原告のその余の請求をいずれも棄却」した点だ。「原告のその他の請求」とは、寄川教授の授業に対してなされた秘密録音が、同教授の人格権（学問の自由）を侵害するものとして教授の請求した損害賠償（慰謝料）のことである。判決は授業の秘密録音という事実を認定しながら、録音したのは「主として、ガイダンス部分」であり、「研究や教育の具体的な内容」に関わっていないとして、損害賠償請求を認めなかった。

しかし、この④の判決内容は実情等への重大な無理解のうえに成り立っている。秘密録音を行ったのは授業の第一回の〈ガイダンス部分〉であり、これは研究・教育の具体的内容に関わっていない、といういい方は詭弁以外の何物でもない。秘密録音も目的次第では許されるかのような表現が見られるのに加えて、ガイダンスへの著しい理解不足がある。

通常、ガイダンス部分では当該授業科目の目的や主旨について、授業に益するテキストや参考書について、成績評価の方法や基準について等々、個別授業内容より以上に総論として重要な事項の説明を行う重要な機会である。そのため受講希望の学生たちにとっては出席必須の場であり、教授者にとっても自らの本領を端的に示す一つのハイライトの場なのである。その場を教授者に無断で、秘密に録音するなどというのは到底許されない行為である。教授者以外の、他の教職員から聴講の願いがあれば、教室の余裕等の条件に合えさえすれば教授者は許可するはずだ。今は教育力の向上の参考にすべく、教員間での授業の相互聴講が推奨される時代である。聴講の願いもせずに秘密に録音するとは卑劣きわまりない振る舞いだ。録音に不純な意図がはっきりと示されているといえる。授業の秘密録音ほど、大学人の理性の「公的使用」と無縁の、それとはむしろ正反対の行為はないといわねばならない。こうした点への熟慮の欠如が判決主文の④は示しているといえる。

先に判決主文の五項目中四項目は正当なものと思われるとして、筆者は高く評価した。だが、もう一つの項目・④があることによって高い評価の価値も半減といってはいい過ぎであろうか?

最後に一つ提案しておきたい。今回の裁判において原告勝訴、被告敗訴の確定がなされても、大学内で精神的な亀裂が大きく生じているのは想像に難くない。この事態を払拭するには今こそ大学人にふさわしい理性の「公的使用」を奮う勇気をもつことだと思う。その具体的な行動としてたとえば、建学の精神と教育理念として掲げる「キリスト教による人格教育〈Do for Others〉」の今日的意義をめぐって、教職員・学生参加の全学的な連続講演会・討論会・シンポジウム等を開催することである。さらに本格的な「公的使用」として、その意味通り〈公共・公衆に開かれた〉ものとして一般市民向けの同行事を開催することだ。開催にあたって、まずもって先頭に立つべきは大学の最高責任者・管理者たち（理事長・総長・学長ら）であろう。こうした行事の場で、賛同や批判を含めさまざまな多くの意見を交換し、闘わせ合うことが肝要だ（「多事争論」・福沢諭吉）。批判者・批判的意見を排除してはならない。批判的意見にはしっかり耳を傾け、理念の理解の深化に活かさねばならない。こうした行為を継続していってはじめて、明治学院大学の再生が可能になると筆者は思うのである。

第三章　国立大学法人化による教授会運営の変化——教育学部を例として

野中善政

一　はじめに

本章の内容は、筆者の体験をもとに、本書のテーマ「大学における〈学問・教育・表現の自由〉を問う」と関わって、一般論（エビデンス）とはなりえないが、事例的に語れること（エピソード）である。

一九四五年から一九四九年の教育改革において憲法、教育基本法その他の成分法により大学の自治及びその中心となる教授会の自治が保障されたが、二〇〇四年の国立大学の法人化[1]により、とりわけ教授会の自治が弱体化されたと一般に解釈されている。教授会運営にどのような変化がもたらされたのか、教員人事を中心に考察する。

二　新制大学の発足と教授会自治の確立

いわゆる「新制大学」は、一九四七年（昭和二二年）制定の学校教育法（以下、「学教法」という。）に拠り、高等教育を行う教育機関のことであるとされてきたが、筆者が勤務した宮崎大学は典型的な新制大学の一つであり、旧制の（一）宮崎師範学校・宮崎青年師範学校、（二）宮崎農林専門学校、（三）宮崎県高等工業学校を母体とする、三学部（学芸学部、農学部、工学部）からなる大学として、一九四九年に設立され、五五年後の二〇〇四年の国立大学の法人化の前年、前述の旧宮崎大学と宮崎医科大学が統合された。発足時の学芸学部は一九六六年に教育学部、一九九九年には教育文化学部に改称、同学部は二〇一六年に教育学部と地域資源創成学部に分離改組が行われ、二〇一九年現在、宮崎大学は形としては五学部から構成されるに至っている。

筆者は、一九七五年に宮崎大学教育学部に助手として赴任したが、当時、学部運営に関わる教員の会議は、全教員が出席する教官会議と助手が加わらない教授会の二本立てになっていたと記憶している。教官会議の議題は、①予算に関するもの（講座配分や旅費等）、②人事に関するもの（採用及び承認に関する審査会報告書の可否、任用の可否）、③入学者選抜に関する事項（合否判定）、④卒業者の認定に関する事項（卒業認定及び特別再試験者の認定）、⑤各種役員の選出などであった。同日に教官会議と教授会の二つの会議が開かれ、教官会議の結果を教授会で議決する形をとっていた。その理由は、発足時の学芸学部が学教法第五九条（一九四七年制定）を狭く解釈して教授のみの教授会を発足させたが、講座制をとらない学科目制の学部では学教法第五八条（一九四七年制定）に定められた教員の職務が実情と合わず、助教授層以下から学部運営への参加要求が高まり、教授会は①教授だけ、②助教授（または講師）の一部、③助教授・講師の全員が参加、さらに④助手を含む全教員が参加する教授会へと拡大する方向にあったが、④に至る経過措置として教官会議が発足したためである。

当時の教授会・教官会議の審議事項は前述のように広範に亘り、教授会で議決された事項は全学評議会の議を経て最終決定されるという建前ではあったが、学部のみに関わる事項の教授会決定が全学評議会で覆ることはほとんどなかった。

戦後の教育改革により、教授会の自治、大学の自治が教育基本法（以下、「教基法」という。）、学教法、そして国公立大学においては教育公務員特例法（以下、「教特法」という。）により保障され、慣習化した結果、少なくとも一九七〇年代から一九八〇年代に至るまで教授会中心の大学運営は当然のこととして教員に受けとめられていた。なぜ教特法と学教法をもって教授会自治が大学自治の実質的中心たりうるのか改めて確認しよう。(2)

大学運営における中心事項は教員人事であるが、教特法第四条第五項により、教員の採用・昇任は「評議会の議に基づき学長の定める基準により、教授会の議に基づき学長が行う。」とされている。また懲戒については、教特法第九条第一項により、「学長、教員及び部局長は、学長及び教員にあっては評議会、部局長にあっては学長の審査の結果によるのでなければ、懲戒処分を受けることはない。」とされている。したがって形式上は、教員人事は最終的には評議会の議決と学長決定により進められる。しかし教特法第四条二項で、学長の選考は「評議会（評議会を置かない大学にあっては、教授会。以下同じ。）の議に基づき学長の定める基準により、評議会が行う。」とされ、教授会代表から構成される評議会は実質、各学部の調整機関であることから、実質的に教授会が学長を選考することになる。また学教法第五九条（一九四七年制定）に「大学には、重要な事項を審議するため、教授会を置かなければならない。教授会の組織には、助教授その他の職員を加えることができる。」とあり、教授会を評議会その他に優先する大学の必置組織と定めている。これらの条文により教授会の自治が大学自治の中心であることが保障されていると解釈されるのである。

しかし、あくまで筆者の感じ方であるが、一九五〇年代から一九九〇年代に至る教授会自治の実態は、結局のところ、概算要求と大学設置基準に従って決められた校費の配分の微調整、教員人事、入学・卒業認定を含む教務、その他研究・教育に関わる教員の裁量の相互チェック、確認に留まっていたように思われる。後述の大学審議会（以下、「大学審」という。）答申にいうところの「大学が未知の領域へと展開するための機動的な意思決定」からはほど遠い状況であり、政府・文部省（当時）の枠組みを超えて大学が自律的に発展するための仕組みではなかった。[1]むしろ政府・文部省の管理の下で旧帝国大学を頂点とするヒエラルキーを維持したまま護送船団のように国立大学を運営するための「管理された自治」の側面が強かったように思われる。したがって日本社会が戦後の体制変革期から「経済効率」というキーワードを携えた産業社会へと移行するにつれ、大学自治や教授会自治のあり方は非効率で専ら教員の既得権擁護のための枠組みに過ぎないという批判に晒されかねない弱点を内包していたことは否めない。実際そうした批判が大学の内外から湧き起こってきた。

三　教授会自治への批判と弱体化の過程

大学内部からの動きとしては、一九六〇年から一九七〇年代に全国的に広がった学園紛争の中で、授業料値上げ反対、学内非常勤職員の待遇改善等の学内の要望に十分対応しきれない大学当局、教授会のあり方が学内団体（学生自治会、教職員組合）から批判された。構成員数で見れば教授会構成員以外の事務・教務職員と学生が大学の主要構成員であり、全構成員が大学の自治に参加してこそ大学の自治の本来の機能が果たしうるとの主張がなされた。

大学外からの動きとして、経済界の要請を受ける形で一九八四年に中曽根内閣の下で臨時教育審議会（以下、「臨教審」という。）が総理府に設置され、その答申に基づき一九八七年に前述の大学審が設置された。一一年後の一九九八年に大学審により答申「二一世紀の大学像と今後の改革方策について――競争的環境の中で個性が輝く大学」が提出され、二〇〇四年の法人化（以下、「法人化」という。）への動きに繋がっている。

一九八四年の臨教審から二〇〇四年に国立大学が法人化されるまでの間、大学関係者は決して静観していたわけではない。戦後の教育改革で誕生した地方国立大学が十全に発展しきれないまま、逆に憲法・教基法により保障された大学の自治、教授会の自治が、経済界の後押しを受けた政府によって次第に掘り崩されつつあるという教員の危機感の中で、大学の将来構想、大学運営のあり方をめぐって公式、非公式の数多くの議論が起こり、政府の審議会で一方的に進められる議論に対し、教授会としての反対声明を出すなど、国立大学法人（以下、「大学法人」という。）となった現在では信じられないほど大学が政治性を発揮した時代もあった。たとえば一九八七年の大学審の設置に際し、宮崎大学教育学部教授会は及ばずながら運動の全国的な連携の下で「大学審議会設置反対」の声明を出すに至ったが、そのことにより半ば内定していた某センターの設立が五年間ストップされたと総括する元教員もいる。当時、教授会としては声明発表を社会的使命と感じ、多少の不利益を甘受する覚悟があったということであろう。

二〇〇四年の法人化、及び旧宮崎大学と宮崎医科大学の統合はおよそ二つの意味で宮崎大学の運営、大学自治の意識に大きな影響を与えた。一つは教員の身分が国家公務員から「非公務員型独立行政法人[2]」職員に移り、形式上、教特法の適用対象から外れたこと、あるいは教員がそのように理解し、結局納得したことである。加えて筑波大学の創設に始まる新構想大学として設立され、教授会等の組織原理がまったく異なる宮崎医科大学との統合が大学運営に関する教員の意識を大きく変える要因になったと思われる。

当時の状況を実感できるエピソードを一つ挙げると、統合直前に学長選挙があり、有権者数の差が問題になった。旧宮崎医科大学の予算規模は旧宮崎大学の数倍で職員総数の違いを反映するのに対し、普段の学長選挙の有権者数は逆に後者の方が多く前者の数倍であった。そのため、医科大学側から両者の投票総数が同じになるように一票の重みを調整するよう提案があり、それを受けて選挙が行われた結果、旧医科大学側の候補者が圧勝したのである。例えればもし企業と大学が統合した会社で会長の選挙が行われたとすれば、企業側の候補者の勝利が永遠に約束されるということである。これにとどまらず、二大学の統合後は大学の運営方針に学部間の力関係が反映され、新構想医科大学流の運営方針が貫徹されるに至っている。因みに統合後一五年間の三代の学長はすべて医学部出身者となっている。

四　憲法・教育基本法と国立大学法人法の矛盾

教学と経営の分離の問題があるとはいえ、私立大学においては、国立大学の法人化とは関わりなく、憲法・教基法・学教法により大学の自治と教授会の自治が保障されてきたはずである。同様な理屈で、国立大学法人においても、教員の身分が公務員から法人職員に移り、教特法の枠から外れたことと関わりなく、憲法第二三条、教基法第七条二項、学教法第九三条（二〇一四年改正）が保障する学問の自由、教育研究の自律性の確保と一体であるという観点に立てば、大学の自治、教授会の自治は依然、有効な理念であるとしなければならない。他方、学教法を大学の教務面に限定された法律[5]と狭く解釈し、その観点で国立大学法人法（以下、「法人法」という。）を読むと、仮に法人化後に教授会の自治が生き残ったとしても、教授会の審議事項がすべて学長に委ねられることから、教授会はせいぜい学長の教学面の諮問に答える「教員会議」にすぎないという解釈に自然に誘導される仕掛けがなされた。すなわち教特法、旧学教法により、大学運営の実質的な中心が教授会であると解釈されるのに対し、法人法は教授会自治にはいっさい言及せず、大学法人の学長は教育研究評議会、教授会の審議をパスしても役員会の議を経れば大学法人に関わるすべての重要事項を総理できる旨が記されている（法人法第一一条）。このように法人法には、「大学の自治」を学長の裁量権に置き換え、憲法、教基法、学教法、教特法により大学自治の実質的な中心と定められていた教授会の自治をいっさい消し去る狙いが込められたといっても過言ではない。さらに二〇一四年には国立大学における教授会自治の最後の砦であった学教法が改正され、教授会は学長が委託した「教育・研究・教務」に関わる事項のみを審議し、学長に答申する義務を負った「教員会議」と規定されるに至っている。

　しかし大学の法人化により教員の身分が教特法の枠から外れたとはいえ、教特法自体が廃止されたわけではない。それは教特法が旧国立大学のみを対象とする法律ではなく、私立大学の運営にも準用されるべき法律であることを物語る。[2] 教員の身分が教特法の適用対象からはずれたことを以て教員の身分とは独立なはずの教授会の自治が無効化されたとするのであれば、法人法が憲法第二三条に違反しないことを法理上齟齬なく説明できるとは信じがたい。このように法人法は運用次第では憲法・教基法と矛盾しかねない内容を含む法律であり、その運用に当たって憲法・教基法の趣旨に留意すべきことはすでに同法成立時の国会付帯決議（衆議院）に次のように記されている。

　「政府及び関係者は、本法の施行に当たっては、次の事項に特段の配慮をすべきである。

一　国立大学の法人化に当たっては、憲法で保障されている学問の自由や大学の自治の理念を踏まえ、国立大学の教育研究の特性に十分配慮するとともに、その活性化が図られるよう、自主的・自律的な運営の確保に努めること。」

今後、法人法の違憲性が問われる何らかの訴訟が起きたとき、仮に法人法を合憲と判断する場合、成立時の国会付帯決議に沿って法人法が実際に運用されてきたか否かの検証結果が重要な判断基準の一つになるであろう。

五　学校教育法改正と教授会の任務に関する文科省説明の矛盾

二〇〇四年の法人化によって国立大学の学部教授会の役割がどのように変わると期待されたのか、法人化一〇年後に実施された学教法の改正の意図からも読み取れる。二〇一四年、同法第九三条が次のように改正され、教授会の審議事項が明記された。

学校教育法及び大学法人法の一部を改正する法律　新旧対照表（抜粋）

（旧）第九三条　大学には、重要な事項を審議するため、教授会を置かなければならない。

（新）第九三条　大学に、教授会を置く。

二　教授会は、学長が次に掲げる事項について決定を行うに当たり意見を述べるものとする。

一　学生の入学、卒業及び課程の修了

二　学位の授与

三　前二号に掲げるもののほか、教育研究に関する重要な事項で、学長が教授会の意見を聴くことが必要であると認めるもの

三　教授会は、前項に規定するもののほか、学長及び学部長その他の教授会が置かれる組織の長（以下この項において「学長等」という。）がつかさどる教育研究に関する事項について審議し、及び学長等の求めに応じ、意見を述べることができる。

条文改正は右記のとおりだが、どのように改正されたと考えるべきなのか。当時のインターネット上のブログに次のような率直な感想が述べられている。(6)

「まず言えることは、教授会の役割が「重要な事項を審議」から「学長が決定を行うに当たり意見を述べる」と変化し、教授会に決定権がないことをより明確にした記述になっている。さらに教育研究に関する重要な事項であっても、法律上は原則として学長から必要性を認められなければ意見を述べることすらできなくなっている。また、この九三条二項の三に言う「重要な事項」が改正前条文の「重要な事項」と一致するかは不明である。」

文部科学省（以下、「文科省」という。）担当者は「学校教育法及び大学法人法等の改正に関する実務説明会」(5)（二〇一四年九月）において、法改正後の教授会の位置づけについて次のように説明している。(6)

「従来から教授会は決定機関でなく審議機関であり、この性格は法律の改正後も変更がないこと、ただ改正前の法律には教授会の役割として「重要な事項を審議する」とあるが、重要な事項とは何か明確でなかったので改正法で丁寧に書き直した。改正法第九三条二、三項は、教授会の役割が学長の諮問に回答することであることを明確に定めたものである。しかし、教授会は学長が諮問した事項にとどまらず、審議の過程で表面化した関連の事項についても審議結果をまとめて学長に報告することは差支えない。」

しかし、戦後教育改革の原点に立ち戻れば、文科省の説明自体が、憲法、教基法に照らし合わせ、それらと矛盾しないのかどうか疑わしいことに気付く。

戦後の教育改革では学問の自由の保障と大学の自律的運営が一体であるという考え方から学教法は教授会を大学の管理運営の必置機関と定め、また教特法は大学の学長・教員及び部局員の採用・昇任の選考・転任・降任・懲戒の審査等をすべて大学の管理機関が行い、教員の採用・昇任は教授会の審議を経て評議会で決定されることを定め、これによって大学の自治、教授会の自治が保障されたのである。法人化前の国立大学では学長を議長とする評議会が大学の最高機関であり、法人化後、文科省が教学面の組織と説明する「教育研究評議会」と教授会の関係に形式的には似ているが、法人化前の国立大学では評議会が各教授会の文字通りの代表によって構成され、大学の運営に関わる重要事項はすべて教授会の審議を経るという仕組みだったのである。したがって、担当者の説明通りならば、学教法の二〇一四年改正が「条文の内容を明記した」というようなものではなく、改正前の学教法にある「教授会の意見を聴くことが必要であると認める〈重要な事項〉」と、改正後の「教育研究に関する〈重要な事項〉」の意味が改正作業の中で差し替えられたと解すべきであろう。

学教法はもともと大学の教学面を規定した法律であるが、学長が教授会に審議を依頼する「重要な事項」の内容が不明であったため、重要な事項とは主に「教務・教育・研究」に限定されることを明記したと文科省は説明する。しかし裏返せば文科省の説明は、大学の業務には「教務・教育・研究」よりも「重要な事項」があるとし、前者は後者から分離可能であり、前者は後者より下位に位置づけられるとの解釈を披露していることになる。大学の社会的使命の優先順位に関するこのような解釈は、憲法が保障する「学問の自由」が「教授会の自治」「大学の自治」と切り離せないとする学教法（一九四七年制定）、教特法（一九四九年制定）の趣旨とは明らかに異なる。憲法や教基法に違反する下位法が無効であることに鑑みれば文科省による同法の解釈が正当化されるものか否か、決して確定されていないと解すべきであろう。

しかしながら、法人法は、国立大学が、文科大臣により任命された法人の長（学長）の裁量のもとで文科大臣により認可された中期目標・計画に従って運営される非公務員型の独立行政法人であることを規定したものである。(2)法律の運用の実態とも関わるが、よほどの恣意的解釈によらない限り、学長裁量の特権を「大学の自治」と言い換えるのは困難であり、本来の「教授会の自治」と両立させることは難しい。二〇一四年の学教法改正は憲法・教基法により保障されると解された「教授会の自治」が二〇〇四年の法人化により失われたことを改めて大学法人に確認させ、教特法の枠組みを引き継いだ学内慣習の一掃を求める作業であった。しかし、繰り返しになるが、憲法二三条、教基法七条二項が失効しない限り、これらの上位法と下位法である国立大法人法、改正学教法の解釈を巡り、今後も政府、大学法人と教授会の対立緊張関係が持続すると考えざるをえない。百歩譲って、国立大学はともかく、私立大学は改正学教法の文科省解釈に必ずしも従う必要はないとの立場から、同法の「合憲限定解釈」が提案されている。[3]学教法九三条第二項に教授会の審議事項が掲げられているが、第三項に「その他、学長の求めに応じて意見を述べることができる。」とあり、「意見を述べる」が「意見を尊重する」ことに繋がるかどうかはともかく、学教法を前提としても、教授会の権限は学長の判断により決まるのであり、改正学教法を憲法二三条に適合する部分に限定して解釈しうる余地は十分ある。

六　法人化後の大学運営の実際

二〇〇四年の法人化により、大学の運営、そして教授会の運営の実態はどのように変わったのであろうか。法人化三年後の二〇〇七年に国立大学の学長に対して行われたアンケートに、ある教育大学の学長の次のような感想が述べられている。[4]

「法人化は個々の大学の自由度を増し、自主的運営の部分が拡大するなどの鳴り物入りであったが、決してそのようなことはなく、限られた予算と毎年の効率化係数による予算削減のため、運営は年毎に厳しくなり、基準定員を大幅に下回る教員しか雇用できない状況にある。また政府の方針に振り回される部分が少なくなく、長期的な財政計画が立てられない（立ててもすぐ変更）状況にある。……自己収入の道がほとんどない（文系）の単科大学は、人件費を含む財政面での硬直化からの脱却が最大の課題であるが、なかなかいい解を見つけがたく、苦慮しているのが現状である」

これより一二年経過した現在においても、こうした状況にさほど変化はなく、現職教員の感想としては、さらに悪化しつつあるというのが大勢であろう。

このように個々の大学の運営の自由度すなわち大学の自治は一部の例外を除き、法人化によって決して強められることはなかったが、学長のリーダーシップの確立と引き換えに教授会の自治が縮小された結果、一般教員と大学運営との関わりは確実に変化した。端的にいえば大学の意思決定プロセスが一般の教員にとってきわめて不透明なものになってしまったことであろう。法人化前は、評議会の議決と学長決定は同義であり、報告義務を負う教授会選出の評議員により評議会が構成されていたため、大学の意志決定プロセスは、決定事項が抱える問題点も含め、教授会の全構成員に把握されていた。以下、教員の採用、昇格、懲戒等の人事権を中心に教授会運営の変化を見ることにしよう。

法人化の二〇〇四年から学教法が改正された二〇一四年までは、学教法第九三条「大学には重要な事項を審議するため、教授会を置かなければならない。」が依然生きており、「重要な（審議）事項」の中には「教員の人事」も含まれていると解釈されていたと思われる。しかし、人事の前提となる大学予算が大学設置基準により積算された法人化前と異なり、人件費と校費が一括して運営費交付金として渡される大学法人ではその使途について「大学設置基準」に必ずしも従わなくていいとされたことは重大な変化と言えよう。たとえば憲法学の教員は教育養成学部では必置ポストとされているが、財政難を理由に非常勤講師で代替することが可能になり、本来、学部の教員に配分されるべき校費を学長裁定で急遽立ち上げられた研究プロジェクトに回すことも可能になった。大学法人の教員人事の決定権は基本的に教育研究評議会、最終的には学長に属し、形式上は、法人化前とさほど変わらないが、法人化前、教員人事について相対的に大きな権限が教授会に委託されていた法的根拠、教特法第四条第五項は法人化後適用されないこととなった。そのため、教授会は、専門分野ごとの教員の業績審査の業務はともかく、「採用・昇任人事の提案権」をほとんど失ったように見受けられる。すなわち教授会の議長たる学部長が学部の状況を踏まえて学長に人事案の認可を申請する手続き自体にさほどの変化はないとしても、学長裁定が教授会の期待に反したとき、学長がいかなる根拠に基づいてどのように判断したのか、教授会に対して説明する義務を負っていないため、明快に説明し難い紆余曲折があればあるほど、その理由は公表されないことになる。その結果、人事の決定プロセスが勢い不透明になり、学内に人脈のある有力教員が、教授会を飛び越え、直接、学長に掛け合うようなことが頻繁に起こるようになるのである。

次に教員に何らかの不祥事あった場合の降任・免職を含む懲戒権の扱いにどのような変化があったのだろうか。法人化前は、降任、免職及び懲戒については教特法第六条が適用された。また教員への不利益処分は、学教法第九三条(一九四七年制定時、第五九条)にいう、教授会が審議すべき「重要な事項」に含まれると一般に理解されていた。したがって学部に所属する教員に何らかの不祥事があり、懲戒事由に相当する事案が発生した場合、学部長が学長に審査の申立てを行い、学長は教授会に審査を附議するとされていた。教授会は正規には「懲戒審査委員会」を組織して当該事案の調査を行い、当該教員に対し教授会への出席と釈明を求めた上で、当該事案に関する教授会の審査結果を学長に答申する手続きが採られた。

法人化後の教員の懲戒処分の手続きは「就業規則」に規定され、宮崎大学の場合は職員等懲戒規程に次のように記載されている。

(実施権者)

第三条　懲戒処分並びに訓告及び厳重注意(以下「懲戒処分等」という。)は学長が行う。

(審査の機関)

第四条　懲戒処分の手続きは、大学教職員については大学法人宮崎大学教育研究評議会(以下「教育研究評議会」という。)、大学教育職員以外の職員については懲戒審査委員会(以下「委員会」という。)で審査し、役員会の審査を得て行うものとする。

二　訓告及び厳重注意については審査を経ないで行うことができる。

右記のとおり、この懲戒規程は懲戒処分の手続きから始まり、懲戒実施権者の学長が一般にどのような経緯で「懲戒事由に相当する事案が発生した」ことを認識するに至るのか記されていない。一般には不祥事を起こした教員が所属する学部から報告されることになるが、その過程は記されていない。そもそも「就業規則」は雇用者（法人の長）が被雇用者（教員）個人に遵守を求める勤務上の取り決めであり、法人化前に大学自治の中核とされた教授会のような異質なシステムと折衷されているため、新たな発想で規程を整備しない限りは、学長と学部教授会との意志疎通がケースバイケースとなる必然性がある。しかし、近年、学内でさまざまなハラスメント事件が多発する傾向があり、この問題への対応が「ハラスメント等の防止・対策に関する規程」に記されている。それによれば、（一）ハラスメント相談員その他が苦情を受け付ける、（二）受け付けられた苦情は「ハラスメント申立書」を添えて「ハラスメント等防止・対策委員会」に報告される、（三）重大なハラスメントについては、その仔細の調査に当たる「調査委員会」が設置される等の対応が記されている。

法人化前との大きな違いはこれらの対応が教授会と関わりなく進められることである。副学長の一人が「ハラスメント等防止・対策委員会」の委員長に就き、委員の何名かは学部長が選任するものの、学部選任委員は教授会を代表していないため、委員会の審議内容を教授会に報告することを控える、もしくは禁じられる。したがって関係者以外の一般の教員は自らの職場で起きた重大事件であるにもかかわらず、その事件について風評・伝聞以外は何も知らないという状況に追いやられる傾向が生じる。

ハラスメント以外の事案については、懲戒規程その他に明記されていないが、実質、同様な対応が採られることが想定される。法人化後、このように、一般教員にとって、採用・昇任・懲戒を含む人事のプロセスが勢い不透明になったことは否定できない。

七　弱体化した教授会自治の帰結

さて筆者が大学を退職した前年二〇一二年の二月に前述の大学の状況を映し出しているとも思われる象徴的な事件が起きており、この事件に言及せざるをえない。

【事件の概要】

二〇一一年度の学部広報委員会にたまたま筆者と同席した国語科の早野慎吾教員の卒論指導学生（女子、当時四年次生、以下学生Aと呼ぶ。）が二月末大学内で自死する事件が起きた。当時早野教員は他大学に転出するための準備研究室を不在にする機会が多くなっていた。早野教員の指導状況と学生Aの自死の原因をめぐり副学部長の肩書を持つ石川千佳子教員（当時、教務長）のリーダーシップのもと、早野教員に対する事情聴取を待たずに、学生Aの状況を知るとされた学生らへのヒアリングが行われた。しかし、結果的に学生Aを知るものの、早野教員と接触のない他学部の学生を含む数名の学生が国語科の一人の学生の呼びかけに応じる形でヒアリングが行われたようである。詳細は省略するが、紆余曲折の後、早野教員による学生Aへの卒論指導において不適切な行為があったとして、二〇一二年六月二八日、教育研究評議会、並びに役員会において早野教員に対し「懲戒解雇相当」の処分が決定され、宮崎市内の記者クラブで大学側の記者会見が行われるとともに大学のホームページに公表されるに至った。

この処分に対し、早野教員は二〇一二年一二月四日、宮崎大学を相手に処分の撤回と退職金・慰謝料の支払いを求める訴訟を宮崎地裁に起こし、この種の訴訟で原告が勝訴するケースが非常に少ないと言われる中で、二〇一五年一〇月、福岡高裁で宮崎大学に処分の撤回と退職金・慰謝料の支払いを求める判決が言い渡された。因みに、早野代理人の弁護士によると、この種の裁判で勝訴した場合でも、原告への慰謝料の支払いが認められるのは極めて稀とのことである。

なぜ原告が勝訴し、宮崎大学が敗訴するに至ったのか。詳細については、早野教員自身がインターネット上に「宮崎大学への公開質問状」[7]の形で開示しており、またジャーナル『現代ビジネス』の取材を受けており[8]、確認できる。

【大学側の対応の問題点[7]】

この事件への大学側の対応について早野教員の証言と開示された裁判資料、大学側の資料をもとに、あくまで筆者が考える問題点を以下に述べる。

第一に、二〇一二年六月二八日に発表された文書「宮崎大学元職員の懲戒処分相当について」（以下、「発表文書」という。）の内容が、大学側が裁判で陳述した懲戒解雇相当処分の理由と大きく相違したことである。

発表文書には早野教員の懲戒処分相当の理由が「元教員は、卒業論文の指導において、大学の教員としてあるまじき不適切な行為を行い、また、指導学生に対して様々なハラスメント行為を行った」と記されていた。また二〇一二年二月下旬に教職員、学生等から調査、三月上旬に特別調査委員会の設置、複数の学生からハラスメント申し立て、ハラスメント等防止・対策委員会に調査委員会設置、といった学内の対応も記されていた。

発表文書に記された「指導学生」が二〇一二年二月に学内で自死した学生Aを指すことは早野教員が受け取った通知に記載された「相当解雇の事由」から疑う余地がない。

この裁判で明らかになった最大のミステリーは、前述のように早野教員の「解雇の事由」が学生Aへの不適切な指導であった（実際にはなかった）とされたにもかかわらず、実際に大学側が裁判で採り上げたのは別の学生Yへの卒論指導であり、早野教員が学生Yに嫌がる卒論テーマを押し付けたことをもって処分の主たる理由であると主張した点である。このことは学生Aの卒論について大学側に大きな事実誤認があり（誤認の原因は「特別調査委員会」のミスリードにあることが宮崎大学から押収してきた証拠保全資料からわかる）、大学側が裁判への対処のために方針転換を図ったことを示すものである。

裁判の中で、表題がほとんど同じで中身が異なる、学生A、学生Yそれぞれの卒論が存在することが明らかになった。二つの卒論の表題が一致した理由は共に学部の課程・専攻横断の「学生プロジェクト」からアイデアを得たためである（裁判資料）。しかし二つの卒論は別々に進められ、学生Aの卒論は提出期限内にデジタル資料として早野教員に、また学生Yの卒論は期限に遅れて学生Yの指導教員に提出され、そのコピーが、早野教員が不在のとき、早野教員の研究室に入れられていた。後日、大学側は学生Yの卒論を早野教員の研究室から押収するに及んだが、早野教員が「それは学生Aの卒論ではない」と述べたにもかかわらず、大学側は「説明は後で聞く」として学生Aの卒論の受取りを拒否した。

法廷陳述で大学側証人は、「学生Aの卒論と自死の原因について調べたのか」という原告側弁護人の質問に対し、「それについては全く調べていない。調べる必要もなかった。」と証言している。大学側が「解雇の事由」を差し替えた件について原告側が何度も書面で訴えたにもかかわらず一審の裁判官は審理の対象としなかったが、少なくとも大学就業規則「懲戒等規程」の「懲戒の原則」に違反した可能性が高い。処分の「事由の変更」は当該処分を一旦取り下げ、被処分者に告知しないまま、新たに別件で同名の処分を行ったと解されるからである。

また発表文書の「学内での対応」に記されている複数の学生の「ハラスメント申し立て」とは、事実は、石川副学部長らによる前述の学生へのヒアリングの中で出てきた早野教員に不利ないくつかの証言のことであった（裁判では、それらの証言も虚偽であることが明らかにされた）。大学側はヒアリングの結果をもとに、その場での学生の証言を「ハラスメント申立書」として体裁を整える準備に入ったが、学生の署名と印鑑が押される前に裁判所による証拠保全が実施され、申立書の完成に至らなかったことが明らかになった。また学生Yの証言は大学側が作りかけた申立書に含まれておらず、したがって発表文書の「複数の学生」に学生Yが含まれていないことになり、この点においても発表文書の矛盾が露呈する結果となっている。

上述の学生Yは、実は早野教員が担当する国語専攻の学生ではなく、学則上早野教員は学生Yの卒論指導教員になりえないこと、したがって早野教員は単位認定権を振りかざして学生Yが嫌がる卒論テーマを学生Yに押し付ける立場になかったこと、学生Yの卒論は当時、教育文化学部が採択した、前述の「学生プロジェクト」が切掛けだったことが明らかになった。また学生Yに対する大学側のヒアリングの多くは早野教員に対する懲戒処分の決定後、早野教員が宮崎大学を提訴した裁判の被告側準備書面作成の中で行われたものであり、処分発表後に処分の理由について「緻密」な推敲を重ねるといった、ちぐはぐさが際立つ結果になった。

第二に、卒業直前の一学生が学内で自死したことに始まった本件は学部始まって以来の大事件であったにもかかわらず、評議会、役員会における早野教員の解雇処分の決定前に学部教授会には事件について、その詳細が報告されることがなかったことである。そのため学長と学部教授会の接点となった「特別調査委員」以外の一般教員は傍観を余儀なくされ、自治の概念が希薄になった法人化後の緊急時における無秩序さが露呈する結果になったと思われる。因みに、この「特別調査委員会」は学生のヒアリングのチェックに当たった原田宏副学長らの権限についての大学外部からの問い合わせに対し、大学側が回答したものであるが、当時の学内規程にはまったく存在しない委員会であった。

早野教員の処分決定後、学長から教育学部（当時教育文化学部）に対し卒論制度の見直しを求められたことが教授会で報告され、その対応が協議された。六月二八日発表文書に従って学部教授会に何らかの具体的改善策が問われたものであろう。しかしその前提として、改正前の学教法第九三条に基づき、その情報が事実であるかどうかの検証も含め、当時学長が把握し得た情報が学部教授会に提供されていなければならないだろう。正しい情報によってのみ、大学側の判断が妥当だったのかどうか、卒論制度、学生のプロジェクト、また学生の健康管理における教員と学内「安全衛生保健センター」の協力関係に問題がなかったのか、初めて実のある検証が可能になったからである。

第三に、本書のテーマ「大学における〈学問・教育・表現の自由〉を問う」と直に関わるが、発表文書に記された「大学の教員としてあるまじき不適切な行為」の判断が、六月二八日記者会見の内容からして、早野教員が指導したと大学側が主張した学生Yの卒論のテーマそれ自体、あるいはCG作成の手法等が大学教育にふさわしくないという観点に学術的根拠を示さずに固執していたことである。

この点について、小林節氏は、『大学における〈学問・教育・表現の自由〉を問う』（法律文化社、二〇一八年）の第一章四ページで、「学問の自由」は「教授の自由」を含み、後者は契約した科目に関する限り、教育・研究の「内容・方法・対象（学生を含む）」を選ぶ自由および「教授（表現）の自由」の総体であると述べている。処分決定前に右記の観点について教育研究評議会等で議論された形跡がなく、大学側の判断に「学問の自由」「教授の自由」という観点が抜け落ちていたことは否めない。

しかし、裁判の中では大学側証人の石川教員は学生Yの卒論の表現方法に特に問題はないと証言し、発表文書の「あるまじき不適切な行為」が何を意味するのか、不明さが増す結果となっている。

第四に、大学法人は本事件について社会に向け発信した二〇一二年六月二八日記者会見の内容、同日ホームページで公開された文書「宮崎大学元職員の懲戒処分相当」内容について責任が生じており、大学側の敗訴が確定した二〇一六年一〇月一八日の最高裁判決の後、原告の名誉回復に配慮し、発信と同等な手段でそれらを取り下げる措置が求められたが、未だに実施されていないのは大学の社会的責任を考えると奇妙というほかはない。

八　結　論

二〇〇四年に国立大学が法人化され一五年経過したが、法人化で大学がよくなったと考える大学教員は少ないのではないか。その感慨は、法人化三年後のアンケートに回答したある教育大学の学長の感想「法人化は個々の大学の自由度を増し、自主的運営の部分が拡大するなどの鳴り物入りであったが、決してそのようなことはなく、限られた予算と毎年の効率化係数による予算削減のため、運営は年毎に厳しくなり、……」に尽くされると思われる。

法人化への動きは一九九八年の大学審答申「二一世紀の大学像と今後の改革方策について――競争的環境の中で個性が輝く大学」に始まったが、答申にいう「大学が未知の領域へと展開するための機動的な意思決定」と「教授会自治」の否定は決してイコールではないはずである。しかし現実は学内での言論の自由、表現の自由が抑制され気味であり、かつて数多く開催された教員、学生の自由な学内討論集会が激減して大学らしさが失われ、また教員が行政法人特有の評価などの些末な業務に追われ、教育や研究に十分時間を割けない現状を見れば、法人法成立時の国会付帯決議が、現状においては見事に不履行となっていることを示すものである。

しかし戦後の教育改革において憲法・教基法により掲げられた「学問の自由」「表現の自由」「教育研究の自主性・自律性」の理念が根底から覆されたわけではない。むしろ、これに反する下位法は無効だという観点から教授会の自治、大学の自治の復権を目指すべきではないだろうか。

最後に法人化後の教授会自治の弱体化の象徴となりそうな一つの事件を採り上げた。論理的思考力に優れた大学関係者が、かくのごとき初歩的、典型的な冤罪発生プロセスを白昼堂々進めてしまうのは、法人化によって大学の自治、教授会の自治の理念を大幅に後退させた結果、大学の社会に対する責任感を薄れさせ、どこかに組織運営上の欠陥を抱え込んだと考えざるをえない。それは現在も解決されていないのではないだろうか。

注

（1）森田和哉「〈国立大学法人〉――私の意見〈自主性・自律性はどこに〉」（ＩＤＥ『現代の高等教育』第四三四号、二〇〇一年）。
（2）大場淳「国立大学法人化と教職員の身分の保障」（中・四国法政学会、第四四回大会、二〇〇三年）。

（3）鈴木眞澄「二〇一四年改正学校教育法の問題点――再論：学校教育法と私立学校法の関係――」（『龍谷法学』第五〇巻第三号、二〇一八年）一二七ページ（一一四一）。
（4）天野郁夫「法人化の現実と課題」（国立大学財務・経営センター『大学財務経営研究』第四号、二〇〇七年）。
（5）文科省高等教育局大学法人支援課「国立大学法人の組織及び制度に関する制度の概要について」二〇一四年。
（6）大学職員の書き散らかしBlog「学校教育法及び国立大学法人法の改正案に思う――結局、教授会は何を話し合うのか」二〇一四年。
（7）早野慎吾「宮崎大学への公開質問状」（『全国国公私立大学の事件情報』二〇一七年）。
（8）田中圭太郎「国立大にパワハラを捏造され、解雇通告を受けた教授の告白」（『現代ビジネス』二〇一七年）。

第四章　岡山短期大学「障害者差別」事件

山口　雪子

一　はじめに

本章は、持続可能な社会をめざす高等教育・保育者養成を求め、視覚障害差別による職務変更命令無効確認訴訟の経緯と現状を報告していくものである。

筆者は、遺伝性疾患である網膜色素変性症の進行により視力を失った。一九九九年九月、三四歳で現在の職場に就職したときには、〇・二～〇・五程度の視力があった。就職の際、履歴書に病名を記入し、面接の場では、視覚障害であることを伝えたが、そのときにはとくに問題にはならなかった。今回ここで伝えることは、四〇歳代の後半になり、視力低下が顕著になってきた頃から始まったように思う。

二　事件の前兆

岡山短期大学は、幼稚園教諭二種免許と保育士資格が取得できる、保育者養成校である。二年間で両方の資格を取得するため、二年生になると約二か月半の学外実習がある。実習先は幼稚園、保育所、保育所以外の児童福祉施設と、三か所に行く必要があり、実習前からさまざまな書類作成や送付などの事務作業が伴う。これら学外実習にかかわる事務作業を含め、学科でのさまざまな事務作業を行うための職員が一名、学科に配置されている。

二〇一三年度当時、学科職員は人材派遣会社からの派遣職員だった。派遣職員は毎日、退勤前に一日の業務記録を作成し提出するようになっていた。そのため、学科の事務作業がないときは業務記録に書くことが何もなくて困る、といった相談を筆者は受けていた。そこで筆者は視力低下が進んでいたこともあり、派遣職員の手が空いているときを利用して、配付物のレイアウト確認、印刷物や手書き文書の代読などの視覚支援をお願いするようになった。

二〇一四年一月中旬、筆者は突然、学長に呼び出され、「派遣職員の期間満了に伴い、次に学科事務を担う職員には補助を頼めない」との理由から、退職勧奨を受けた。視力低下で一人ではできないことが増えていた筆者は、退職はやむをえないのかとも考えたが、家族に相談したところ、心配した兄が学長との面談を申し入れ、二〇一三年度末の退職は回避することができた。退職を免れる条件として、私費で補佐員を雇用することになったのだが、補佐員は教職員ではないため学生への直接的働きかけはしないように、との条件が付いた。条件付きではあったものの、何とか仕事を続けることができ、筆者は安堵していた。

三　突然の授業外し、そして提訴

二〇一四年度と二〇一五年度の二年間は私費の補佐員による視覚支援で授業や学内業務を滞りなく行っていたが、二〇一六年一月に「学生からクレームがあった」ということで始末書・反省文を提出するという事態が生じた。補佐員を同行していない卒業研究（ゼミ）の時間にカップ麺を食べていた学生がいたのに注意指導しなかった、というのが始末書・反省文提出の主たる理由だった。筆者自身は教室内でカップ麺を食べていた学生がいたかどうかは把握しておらず、以後、学生の自主的活動を尊重しているゼミにおいても補佐員を同行し学生の状況把握に努めるとの反省により、何とか問題を解決したいと思った。しかしながら、二月上旬の学科会議において、学長より

「次年度、山口先生には授業もゼミも担当させない、新しく来ていただく先生に担当してもらう」との通告を受けることになった。

二年前の退職勧奨のこともあり、家族と相談のうえ、今回の問題は弁護士を通して、冷静に話し合いをすることで解決を模索することとした。相談に応じてくれた岡山パブリック法律事務所の水谷賢弁護士と森岡佑貴弁護士は、穏便に問題解決を図りたいとの筆者の希望に沿い、代理人弁護士として短大と話し合うことを快諾してくれた。

二月上旬に弁護士から短大へ、代理人就任と早期の協議申し入れの書面を送ったものの、二月中は短大の都合が合わないとのことで、三月一日に弁護士が短大を訪問し話し合いが行われた。話し合い終了後、弁護士から筆者は様子をうかがったのだが、出席した教授たちが筆者の問題点をまとめた書面を一方的に読み上げ、授業を担当させられないとの学長の主張が述べられるばかりで、話し合いにもならなかったと聞いて、とても悲しく心が塞がる思いだった。

それでも何とか穏便に解決を図りたい、との筆者の希望は変わらなかった。筆者は短大での授業を通して、学生たちに教員へと成長させてもらったという実感がある。卒業後も筆者を訪ねてくれる卒業生が頭に浮かんでは、学生や卒業生がこのことを知ったらどんなに心を痛めるだろうかと思い、学生や卒業生に知られることなく解決したいと願っていた。筆者の気持ちを察して、弁護士は仮処分の申し立ての提案をしてくれた。仮処分であれば、裁判官を交えての非公開の審議になるから冷静に話し合いでの解決が得られるかもしれない、裁判官から和解の提案が示され解決できるかもしれないと期待し、筆者は仮処分の申し立てに同意した。

また、仮処分を早急に申し立てる必要も生じていた。筆者には、授業担当がないという学科会議からの通告ののち、研究室を退去しキャリア支援室に移るよう命じるメールが来たからである。移動の期限は三月中旬だったから、研究室を強制的に追い出されないようにするための対策が喫緊に必要だった。そのため、仮処分の申し立ては研究室を使用する地位保全というものになった。

三月中旬、岡山地方裁判所倉敷支部において第一回の審尋が行われた。短大側からは学長と顧問弁護士の二名、筆者の方からは弁護士二名と筆者の三名で、裁判官を挟んで対峙することとなった。細かなことは記憶が薄れていて、どんな話だったかはあいまいだが、ただ学長がこちらの話にまったく耳を貸さない、自分の考えを変える気は毛頭ないということが自覚させられた。仮処分による解決は望みがないことがはっきりとはしたものの、裁判官からの「結論が出るまで研究室移動は保留する」との提案を学長が承諾したことはありがたかった。そのおかげで、裁判中も、裁判後の今も同じ研究室にとどまっている。

ここで筆者は判断を迫られた。穏便な解決が望めない今、このまま泣き寝入りをするか、あるいは、提訴をして裁判による解決を模索するか。そして、筆者は提訴を決意した。

四　岡山地方裁判所での第一審

学生や卒業生が心を痛めるのではないか、との迷いは残るものの、筆者は自らの職場である岡山短期大学を相手に訴訟をすることを決断した。理由を問われれば、筆者の専門が「環境教育」だったからである。筆者は、持続可能な社会をめざし、学生たちに、問題に目を背けず、改善していく努力が大切だと伝えてきた。その筆者が視覚障害を理由に授業を外されたという問題に背を向け、泣き寝入りすることは学生たちに嘘をついていたことになると考えたからだ。

二〇一六年三月二三日、筆者は、岡山地方裁判所倉敷支部に、「授業する権利、研究室を使用する権利」を保証し、「授業を外し事務職へ配置転換する命令および研究室明け渡し命令」を無効とするよう求める提訴をした。ほどなく、倉敷支部から本庁での合議扱いとする旨の連絡があり、第一回口頭弁論は五月三一日となった。

初回期日の前日にあたる五月三〇日には、「全国視覚障害教師の会」（JVT）が中心となり、視覚障害を有する大学教員による文部科学省への要請行動と記者会見が行われた。さらに、第一回の裁判期日のあと「支える会」が発足し、多くの人の支援によって裁判を戦い続けることができた。裁判傍聴には当初から、視覚障害者だけでなくさまざまな障害をもつ人や労使問題に関心の高い人など、多くの人が足を運んでくれ、大変ありがたく心強かった。

第一審は、五月三一日の第一回期日のあと、七月・九月・一〇月・一一月と、計五回の口頭弁論を経て、二〇一七年三月二八日の判決となった。五回の口頭弁論のうち、最大の山場は一一月二九日に行われた第五回期日の証人尋問だった。午前中、被告側証人として教授三名の尋問、午後は全盲で静岡県立大学教授の石川准氏、私費で来ていた補佐員、筆者と原告側証人尋問が、そして最後に短大理事長兼学長の尋問が行われた。

証人尋問で明らかになったのは、短大側の障害についての無理解と偏見だった。視力がないために注意できなかったとした授業中の学生の飲食も、クレームだったのかどうかさえ怪しい状況だった。「目が見えないのだから指導はできない」という障害者排除の意識が根強いことを強く感じるものだった。それに対して、原告側証人として立った石川教授は、視覚障害が大学教育に与える意義や短大の現状でも合理的配慮が無理なく実施できることを明確に示し、傍聴していた多くの人が原告側の正当性を確信したものと思う。

二〇一七年三月二八日の判決は、「授業する権利、研究室を使用する権利」は残念ながら認められなかったものの、「授業を外し学科事務に専念するという業務命令に合理的理由は見当たらず違法不当、研究室明け渡しも同様であり、従う義務はない」と判断、慰謝料一一〇万円の支払いを命じる全面勝訴だった。さらに当事者同士が話し合い合理的配慮を検討していくよう望む内容もあり、筆者としてはとてもうれしく安堵したものだった。

五　控訴、そして上告

筆者は、三月二八日という年度末の判決であったことから、二〇一七年度前期の授業復帰は難しいものの、同年度後期からの復帰に向けて協議ができるものと期待していた。その期待を後押しするかのように、四月一日、日本学術振興会から科学研究費の助成内定をもらった。

ところが、交付内定の二日後の四月三日、短大側は広島高等裁判所岡山支部へ控訴したのだった。筆者は心底落胆したが、弁護団や家族と相談し、第一審で認められなかった「授業する権利、研究室を使用する権利」を改めて求めるため、附帯控訴を行うことを決心した。

第二審にあたる控訴審の第一回期日は、九月に非公開の進行協議という形で行われた。裁判長はここで和解提案を示し、慰謝料はいらないから教壇に戻してほしいという筆者の要望を受けとめ、「短大は、山口先生では教職課程をパスし得ない、との真偽を文科省へ確認するように」との指示を出した。ところが、短大側は、一〇月の第二回期日において、「文科省に直接問い合わせをしてはいけないことになっている」と、裁判長の指示に従わない旨を表明した。これによって和解協議は断念された。その後、一一月と二月に公開の口頭弁論が開かれ、二〇一八年三月二九日に判決が言い渡された。

判決内容は第一審を支持したもので、「授業する権利、研究室を使用する権利」は認められなかった。しかしながら、研究室を明け渡した後の移転先とされたキャリア支援室が研究室としての機能を有してないこと、学生の授業アンケート結果から教育能力に遜色ないことを指摘し、短大側の業務命令の違法性と不当性を第一審よりも顕著に示していた。また、第一審で望ましいと表現されていた合理的配慮については、短大側がすべきと強い表現になっており、踏み込んだ判断をしていた。

第二審判決の評価として、司法に詳しい人たちから、「第二審判決はこれまでの判例に沿った法的枠組みの中で最大限勝たせたものとなっている、そのため違憲や新たな判例判断を示す最高裁にはなじまないから上告の可能性は低いのではないか」との話をいただいたが、残念ながら、四月九日、短大側は最高裁へと上告した。

短大側は、「文科省の教職課程科目を担う教員としてパスし得ないから授業担当させられない」という従来の主張とともに、「授業編成や担当教員は学内的問題」として、「学内問題は司法の場での審議に適さない」との富山大学の単位認定にかかわる判例を根拠に、審議のやり直しを求めていた。

最高裁の判断は、一一月二七日に上告棄却・上告審不受理という決定通知により明らかとなり、第一審を支持した第二審判決がこれによって確定した。

六　裁判後の現状（二〇一九年三月一日時点）

「授業担当を外し事務職に専念」との配置転換命令が違法で不当であり、従う義務がないことが司法の場で確定したので、筆者は、次年度への授業復帰を求め、一二月上旬に弁護士を通じて協議の申し入れを短大側へ行った。しかしながら、短大からの回答は、「授業編成、担当教員は一月中旬の教授会で決定する、協議申し入れには応じない」というものだった。一月に入っても、教授会がいつ開催されるのかわからず、中旬になって改めて短大側へ質問書を送付したところ、「一月七日教授会で出席者全員一致により、山口先生の次年度授業担当はないとの決定である」旨の通知が届いた。

授業担当がない理由は、専門科目については筆者を外したあとに担当している教員のほうが研究・教育業績から適任と判断されること、一般教育科目については一年間に履修できる単位数を減らすために履修学生が少ないと思われる筆者担当の科目は開講しないと判断したこと、などが述べられていた。研究・教育業績をどのように審査したのか、確かなことは示されていない。年間の履修単位数に上限があったとしても、科目の選択制を広げておくことは学生の利益のはずである。なぜ開講しないと判断したのか、教授会で決定に至ったプロセスはいまだに明らかにされてはいない。

二月二五日、筆者は、岡山労働局へ「障害者雇用促進法第七四条の七に基づく調停申請書」を提出し、現在は、申請書が受理され、調停がスタートすることを待っている。

七　おわりに

授業外しの通告を受けてから丸三年が過ぎ、提訴から数えてももうすぐ四年目になろうとしている。これまで幾度となく、頑なに筆者を排除し続ける短大側に見切りを付けて外へ出て行くことを考えないのか、とのお訊ねをいただいた。正直、短大を辞めたら楽になるだろうことはわかっている。他の教育や研究の道を模索する方法もあることはわかっている。でも、そうできないのは岡山短期大学が高等教育機関であり、保育者養成校だからだ。

筆者は遺伝的疾患による視覚障害をもつが、視力を失ったのは四〇歳代後半の中途失明だった。これから社会に出て行く学生たちが人生の中で不慮の事故や病気で障害を負ってしまう可能性はゼロとはいえない。障害ではなくても、さまざまな事情を抱える事態に陥るかもしれない。いままでと同じようにできなくなったとき、まだできることに目を向けてもらえず、できないことを指摘され、それを理由に排除されるとしたら、どうやって前向きに人生を歩んでいけばよいのだろうか。さらに保育士や幼稚園教諭になったときに出会うであろう障害児とどう向き合っていけばよいのだろうか。いつか社会から拒絶され排除されるのであれば、明るい未来なんてありえないだろう。そんなふうにしか思えないとしたら、保育者も子どももかわいそうだと思う。

筆者は、学生や卒業生には、障害の有無にかかわらず、どのような事情を抱えていても、自分らしく社会参加し活躍できる未来があると信じてがんばることのできる人であってほしいし、その希望を子どもたちへ語ることのできる保育者であってほしいと願っている。そのためにも、岡山短期大学には現状を見直し、改善してほしいと切望している。

終　章　人間学的〈学問の自由〉を求めて――軍産官学連携への警鐘

石塚正英

一　はじめに

二〇一五年九月二七日付新聞報道を通じて、筆者は、勤務先の東京電機大学が防衛省研究助成に応募していたこと、および採択されていたことをはじめて知った。それに先立って、筆者は有志と一緒に、八月二九日、安全保障関連法案の廃案を求める東京電機大学関係者有志の会を設立し、「軍拡競争による〈脅威・抑止〉対策でなく、日本国憲法と人道に基づく国際法とを基盤とし弛まぬ〈外交・合意〉を通じた平和維持という発想こそ、人類の英知なのです」との声明を発表していた。

その後、二〇一六年七月一四日、東京電機大学HP「ニュース一覧」に、以下の記事が掲載された。「建築・都市環境学系島田教授が『日経産業新聞』に掲載／防衛省の二〇一五年度の研究助成事業に採択された、小型無人航空機（UAV）に開口レーダーを搭載し、災害につながる地上の異変を察知する技術の研究に関するインタビュー記事が掲載されました。／媒体：日経産業新聞七月一四日／タイトル：軍民両用研究を問う　防衛省から予算、災害活用／掲載：理工学部建築・都市環境学系島田政信教授」

ここに記された「軍民両用」＝デュアルユースのうち、「軍」はイスラエルとの無人偵察機共同研究、「民」は災害活用ということになる可能性がある。それ以来筆者は、以下の宣言をここかしこの機会に発している。

・大学は学問の自由を守るため軍事研究をめぐる政府の介入に抵抗する。

・市民は生活の自由を守るため大学の軍事研究に抵抗する。
その内容を以下において「人間学的〈学問の自由〉を求めて」と題して解説したい。

二　科学者の倫理声明⇕国の倫理違反

わが国の大学は、昨今、軍産官学連携に向かっている。とりわけ理工系大学では、大手企業との連携偏重から生じる利益が〈学問・教育・表現の自由〉によって得られる環境を破壊している。大手企業出身の教員の中には、倫理観や教育理念を陶冶するのでなく、科研費獲得率と就職内定率向上で成果を競う向きが多い。そこへもってきて、理工系大学を中心に、防衛省技術研究本部二〇一五年発表の安全保障技術研究推進制度に迎合する傾向が生まれた。筆者は、その傾向に断固反対している。その趣旨は以下の主張に示される。

第一次大戦でドイツの参謀総長をつとめたエーリッヒ・ルーデンドルフが一九三五年『総力戦』(Der totale Krieg)に記した戦い方は、その後における戦争の常識となった。戦争とは軍事のみならず非軍事たとえば政治・経済・文化など銃後の総力を結集してこそ勝利を確実にできる、という捉え方である。その中に、科学技術も重要な要素として含まれた。たとえばヒトラーの要請でフォルクスワーゲンを設計したフェルディナンド・ポルシェは総力戦に動員された科学者の一人だ。戦後に豊かな市民生活を実現することになる自動車のほか、コンピューター(効率的に暗号を解読する)、レーダー(射撃性能の改善)などは、結果的に戦争を契機として進んだ科学技術である。

さて、戦後の日本では、科学者は戦争に協力するような技術開発を拒否するようになった。その代表例として、一九五〇年四月に発せられた日本学術会議の声明がある。一種の倫理声明だ。

「戦争のための科学に従わない声明　日本学術会議　一九五〇年(昭和二五年)四月二八日

日本学術会議は、一九四九年一月、その創立にあたって、これまでの日本の科学者がとりきたった態度について強く反省するとともに、科学を文化国家、世界平和の礎たらしめようとする固い決意を内外に表明した。われわれは、文化国家の建設者として、はたまた世界平和の使徒として再び戦争の惨禍が到来せざるよう切望するとともに、さきの声明を実現し、科学者としての節操を守るためにも、戦争を目的とする科学の研究には、今後絶対に従わないというわれわれの固い決意を表明する。」

しかし、二〇一三年八月、科学技術・学術審議会第四四回総会で、自由民主党政務調査会科学技術イノベーション戦略調査会は「わが国の研究開発力強化に関する提言（中間報告）平成二五年五月一四日」と題して以下の報告を行った。

「教育基本法改正により、産学連携などの社会貢献が法的にも位置づけられたことや、デュアルユースの上記のような有用性や専守防衛の視点からの研究の重要性を踏まえ、軍事につながる可能性があることをもって一律に研究を禁止するような慣行は見直されるべきである。」（四ページ）

さらには、二〇一五年七月に防衛省技術研究本部が発表した「平成二七年度安全保障技術研究推進制度公募要領」には次の記述が読まれる。

「教育基本法改正により、産学連携などの社会貢献が法的にも位置づけられたことや、デュアルユースの上記のような有用性や専守防衛の視点からの研究の重要性を踏まえ、軍事につながる可能性があることをもって一律に研究を禁止するような慣行は見直されるべきである。」（四ページ）

以上の二つの記事内容は、あきらかに一九五〇年の日本学術会議「戦争のための科学に従わない声明」と対立する、重大な倫理違反である。

三　近代文明論的・科学技術文明的倫理

ところで、青色発光ダイオードの開発と実用化に成功した中村修二氏は、『朝日新聞』二〇〇六年九月一七日朝刊「朝日新聞デジタル・サイト朝日求人・仕事力」欄で、日本の教育について、次のように語っている。一部を引用しよう。

「日米ともに、小学生は変わりません。夢や希望を持ち、やる気にあふれ、科学者になりたい、音楽家になりたいと考える。アメリカの小学生はそのまま夢に進む教育を受けますが、日本は我慢させ、その芽も摘んでいく。これは非常にはっきりしています。

私も、辛抱して苦手な世界史などの暗記科目もがんばれと教育されました。大学まで進めば君のやりたい勉強ができるから、という教師の言葉を無理やり自分に言い聞かせ、押さえ込んできたのです。本当に興味の持てる学習ができたのは、大学も後半になってからですが、今も私の中には無為に過ごさざるを得なかった怒りが渦巻いています。

頭脳も体力も伸び盛りで、なんでも吸収する活力にあふれていた中・高、そして大学時代まで、なぜ私はその思いを閉じ込めて苦しまなければならなかったのか。そして現在も日本中の若い人々が同じ苦悩の中にあって、気づかないうちに従順な永遠のサラリーマンへと育てられていく悔しさ。加えて、科学者になりたい、新しい発明をしたいというような夢を一笑に付す視野の狭さに憤ります。

地球環境や食糧の問題を担うのは理系の仕事ですが、それを理解している企業も少ないのが実情です。日本の若い人にはまず知ってほしい。私たちは貧しい教育を受けて、今ここにいるのだということを。（談）」(http://www.asakyu.com/column/?id=238)

この記事を読んで、教師である筆者は中村氏の独断を指摘せずにいられない。小学生時代から彼のように大志を抱く人は、そうざらにはいなかろう。迷う子、悩む子、引っ込む子、暴走する子、さまざまだ。その過程で成長があるのではないか。

彼は理系科目を高く評価し、反対に、世界史を「辛抱して」暗記させられた「苦手な」科目としている。だが、そういった好き嫌いを小学生時代から身につけてしまう〈中村少年〉のような子に、教師はどう接したらいいだろうか。彼の著書に『好きなことだけやればいい』（バジリコ、二〇〇二年）があるが、どう対応するべきだろうか。

すぐれた技術の条件は四つある。第一に「有用性」、第二に「安全性」、第三に「経済性」だ。しかし、その三つとも、第四の「倫理性」を無視すると、オセロ・ゲームのように優劣が反転してしまう。学校教育の第一はこの「倫理性」の育成にある。中村氏にはそこが欠けている。

遺伝子治療や脳死臓器移植、核エネルギー研究の現場ほかで最先端を切り開いている科学者は、あまりに斬新で魅力的なテーマに遭遇すると、その研究が自己目的化され、ときとして倫理観を喪失する。なるほど、独創的な技術開発はそのときどきの倫理に拘泥していては達成されない、独創は倫理に優先する、といった意見をも散見するが、それは技術の社会性を軽視した謬見だ。その謬見は、ある一つの事件を引き起こした。

二〇一四年一月末、日本内外の科学研究の世界に一つの電撃的ニュースが飛び交った。万能細胞の新種「STAP細胞発見」である。これは、マウスのリンパ球を弱酸性溶液に三〇分程度浸すだけで発生するとされた。また、リンパ球を細い管に通したりしてストレスを与えるだけでも発生するとされた。

この報道に接した直後、筆者はツイッターに次の皮肉を書き込んだ。「iPSより簡単　新しい万能細胞　倫理面での過失率はますます高まる」（二〇一四年一月二九日）。新細胞「発見」は、技術者倫理を講義する者からみると、①万能細胞自体がもつ倫理的問題と、②研究者・技術者がクリアしなければならない倫理問題と、ダブルの教材となっている。しかし、のちに次々と明るみにでた、いわゆる「捏造・改竄」疑惑すなわち②レベルの報道渦中で、ダブルのうち、一層重要な①のチェック・確認は問題視されず報道からは締め出されていった。これは由々しき問題である。

①は、ＳＴＡＰ細胞の存在が証明されれば解決するという性質のものではない。むしろ、そのことを含め、ＥＳ細胞・ｉＰＳ細胞とともに、一括して本格的に議論の俎上に載せられるべきテーマなのである。ダブルのうち②は、なるほど技術者・研究者個人の倫理にとどまらず、当該大学のコンプライアンス、分子生物学界全体の研究者倫理として、あるいは理化学研究所の企業倫理として徹底追及されねばならない。けれども、②は①と比べれば解決の容易な部類に属する。②は技術者倫理・研究者倫理・企業倫理のレベルにある。これに対して①は、近代文明論的・科学技術文明的倫理のレベルにある。深刻なのは、①の倫理問題なのである。万能細胞とその研究開発それ自体は倫理的に問題なし、とする立場を再三再四疑ってかからなければならないのだ。

『老子』に「足るを知る者は富む」とある。分相応のところで満足することのできることが心の豊かさの指標になる、という意味である。ここにいう「分相応」を、多様な生き物の一つである人間に相応しい、としてみる。そうしてみると、現代人は、その格言とは裏腹に、二〇世紀後半から今日に至るまで、破竹の勢いで進展してきた科学イノベーションの過程で、永遠ともいえる欲望実現と身体的不老を求め、その衝動に突き動かされて自然を収奪してきた。醜悪な人間中心主義の顕れである。あるいはまた、現代人は、眼前の快適な生活を追い求めて生み出した数々の廃棄物を、後代の人々に残している。〈子どもの世代を苦しめてまで長生きしたい〉傾向の黙認である。万能細胞とその技術は、個としての人間の病弊・障害を克服するのに必要なものである。しかし、同時にそれは、類としての人間の身体的不老を追求する技術としては、倫理的に許容されるものではない。〈学問の自由〉〈有意義な学問研究〉は、こうした人間学的倫理（観）に下支えされているものなのである。

四　近代社会と学問の関係

筆者は思う。社会的に有意義な学問研究の中には、「社会的」以前に、その仕事に携わる研究者本人にとって有意義なものが多い。事実がまずあってそこから学説なり理論なりが導かれるのか、学説や理論こそが事実をつくりだすのか、筆者にはよくわからない。けれども、少なくとも、研究者の仕事は、自身の個性としての内的動機づけ・目的意識に支えられているからこそ、研究分野やテーマが同じだからといって他のだれにも引き継げないのだ。

マックス・ウェーバーは『職業としての学問』の中で、学問する意義に触れて次のような発言を行っている。研究者は、全力を尽くして一つの学問上のErfüllung（達成・成就）を為すことを使命としているが、しかしそのエアフュルングは、つねに、彼のあとに続く研究者への「問題提出」となり、後継者による乗り越えの目標ともなる。したがって研究者の仕事は事実上終わりというものをもたない、と。この見解は、学問を社会的なものとみる立場から出てくる当然の結論ではある。しかし、研究者の仕事は「事実上終わりというものをもたず、またもつことのできない事柄」だとウェーバーが述べるとき、筆者は、その「終り」という言葉に注をつけたくなる。たとえば、ウェーバーの表現は、研究者の仕事にはつねに先行者と後継者が存在し、その二者の間で連綿とつづく鎖上で仕事が進歩していく、と理解できる。けれども、往々にして、先行者と後継者とでは、なぜ学問するか、の動機やその目指す目的などが相違していることがあるのだ。学問上のある仕事について、第三者からは先行者から後継者へと仕事上の授受が成立しているかに見えても、実際は、先行者の仕事は、本人の内的な動機づけ・目的意識の世界では一つの区切り、つまり「終り」をもっていることだってあるだろう。

ある研究者の仕事が「事実上終りというものをもた」ないことと、彼の仕事が一つの区切り＝「終り」をもつこととは、決して矛盾しあわない。ウェーバーの言葉を借りていうならば、社会的にはどうであれ内面的には、研究者の仕事にも真に「達成」する可能性はあるのだ。

その研究者の仕事、〈学問〉に特化した議論を以下に記そう。

第一に、近代社会と学問の関係である。たとえば、近代に生み出された諸制度と学問の関連が問われる。さらに近代に特徴的な学問自体の制度化も問題となるだろう。これは、言い換えれば近代に特有の普遍性と特殊性の関連という問題がどのように制度化されているかを問うこと（学問と人類、学問と地域、学問と階層、学問と生活など）である。

第二には、近代の終焉という認識に関わる。近代を乗り越える学問的営為が問題になるとすれば、まずは従来の学問の時代制約性を明らかにし、ついでその制約性とそれを規定した制度との関連が明確化される必要があるのではなかろうか。その上で、新たな社会・自然認識を受容した学問のありかた（存在意義）とその制度化が問われる。あるいは制度化自体を問う姿勢も必要となるだろう。その意味で、生活世界と学問の関わりが重要となってくるのである。その際、私たちにとって学問はなにができるかという問い（知的実践の意味）が依然として存在する。それはつまるところ知の世界を含む現在社会認識の問題だろうし、また、日本社会に独自な学問のありかたの批判的総括にも関連するものである。

五　おわりに

日本政府は、一九九五年に成立した科学技術基本法で、こともあろうに、人文・社会科学を振興施策の対象外においた。軍産官学連携への地ならしをしたのだった。しかし、これでは、〈学問の自由〉〈有意義な学問研究〉は保証されえない。ところが、二一世紀にいたって、生命科学や人工知能研究の領野を先頭に、人文・社会系の知識と技術を介入させなければ二進も三進もいかなくなってきた。そのこともあって政府は、二〇一九年一月、人文・社会科学を振興施策に再度取り込むと公表した。二〇二〇年の通常国会で科学技術基本法の改正を行う方針を打ち出したのである。願わくは、知識・技術の機能的再評価にとどまらず、持続可能な〈学問の自由〉を求めて、倫理という人類史的再評価を断行するよう、つよく主張する。

参考文献

石塚正英編著『近代の超克——永久革命』（理想社、二〇〇九年）
石塚正英編著『戦争と近代——ポスト・ナポレオン二〇〇年の世界』（社会評論社、二〇一一年）
石塚正英編著『近代の超克Ⅱ——フクシマ以後』（理想社、二〇一三年）
石塚正英編著『技術者倫理を考える』（昭晃堂、二〇一三年、朝倉書店、二〇一四年）
石塚正英『近代の超克——あるいは近代の横超』（社会評論社、二〇一五年）

あとがき

最後に、本書が成立した経緯について説明しておきたい。

編者は、小林節・丹羽徹・志田陽子の三人の憲法学者に「明治学院大学事件」についての意見書を作成してもらい、東京地裁に提出したあとで、『大学における〈学問・教育・表現の自由〉を問う』(法律文化社、二〇一八年)というブックレットを公刊した。

一〇〇ページほどのこの小冊子を大学関係者に配布したところ、多くの方の関心を引き、法律学や教育学や倫理学などを専門にする大学教員から、情報の提供や法律上の助言などをいただいた。なかには、大学と係争中の教員もいた。そのようなことで編者は、「全国国公私立大学の事件情報」「ちきゅう座」などのウェブサイトを知り、「大学フォーラム」『大学オンブズマン』「非常勤講師組合」などの会にも参加することができた。

大学関係者からは、学問・教育・表現の自由を守るためにも、大学教員が率先して自分たちの意見を表明する必要があるとの指摘もいただいた。もっともなことである。そこで編者は、「明治学院大学事件」にとらわれずに、ひろく大学の事件を取り上げ、現場で生じているさまざまな問題を共有し、みんなで情報を交換して議論をする場を設けることにした。

本書は、大学における「学問・教育・表現の自由」をめぐる意見交換の場であり、議論をするためのプラットフォームである。編者としては、問題を共有して、議論をするための環境を整備し、それによって大学の現状を世間に伝え、少しでも改善することができるのであれば、本書を刊行した意義はあったのではないかと考えている。

前著の『大学における〈学問・教育・表現の自由〉を問う』は、大学関係者の関心を引いたのか、数多くの大学図書館に収蔵された。意外なことに、文部科学省の図書館にも所蔵されていたので、文部科学省も明治学院大学事件に関心をもったのだろう。

残念ながら、明治学院大学では、学生たちに事件を知られたくなかったのか、先の本は、図書館には収蔵されなかった。編者としては、明治学院大学が真摯に、「学問・教育・表現の自由」を侵害した事件に向き合ってくれることを心より願っている。

最後に、改元の年にあたり、明治学院大学では使用が禁止されている元号を用いて、表現の自由を行使しておきたい。

令和元年（二〇一九年）夏

寄川 条路

編者者紹介

■編者

寄川《よりかわ》条路《じょうじ》　明治学院大学教養教育センター教授　第一章

一九六一年生。専攻は哲学・倫理学。著書に『大学における〈学問・教育・表現の自由〉を問う』（法律文化社、二〇一八年）、『ヘーゲル――人と思想』（晃洋書房、二〇一八年）など。

■著者（五十音順）

石塚《いしづか》正英《まさひで》　東京電機大学理工学部教授　終章

一九四九年生。専攻は社会哲学。著書に『マルクスの「フェティシズム・ノート」を読む――偉大なる、聖なる人間の発見』（社会評論社、二〇一八年）、『地域文化の沃土――頸城野往還』（社会評論社、二〇一八年）など。

小川《おがわ》仁志《ひとし》　山口大学国際総合科学部教授　序章

一九七〇年生。専攻は公共哲学。著書に『NHK　Eテレ　世界の哲学者に人生相談――スペシャルエディション』（すばる舎、二〇一九年）、『公共性主義とは何か――〈である〉哲学から〈する〉哲学へ』（教育評論社、二〇一九年）など。

野中《のなか》善政《よしまさ》　宮崎大学名誉教授　第三章

一九四七年生。専攻は環境学。論文に「沿岸砕波帯における海塩粒子の生成・輸送に関する数値モデルの構成」（『宮崎大学教育文化学部紀要　自然科学』二五号、二〇一一年）、「気象因子に対する大気汚染質濃度の感度解析について」（『宮崎大学教育文化学部紀要　自然科学』二一号、二〇〇九年）など。

福吉勝男《ふくよしまさお》　名古屋市立大学名誉教授　**第二章**

一九四三年生。専攻は哲学・倫理学。著書に『福沢諭吉と〈多元的〉市民社会論』（世界思想社、二〇一三年）、『現代の公共哲学とヘーゲル』（未來社、二〇一〇年）。論文に「福沢諭吉とG・W・F・ヘーゲル――〈理想主義的現実主義〉の思想」（『理想』二〇一九年三月号）など。

山口雪子《やまぐちゆきこ》　岡山短期大学准教授　**第四章**

一九六五年生。専攻は環境教育学。論文に「障害者の立場から〈共生社会〉を考える（一）～（三）」（おかやま人権研究センター『人権二一』二〇一八年一二月号～二〇一九年四月号）、「自然体験型環境教育のためのバリアフリー教材に関する研究」（環境情報科学センター『環境情報科学学術研究論文集』第三二号、二〇一八年一二月）など。

Horitsu Bunka Sha

大学の危機と学問の自由

2019年9月20日　初版第1刷発行

編　者　寄《より》川《かわ》条《じょう》路《じ》

発行者　田　靡　純　子

発行所　株式会社 法律文化社

〒603-8053
京都市北区上賀茂岩ヶ垣内町71
電話 075(791)7131　FAX 075(721)8400
http://www.hou-bun.com/

印刷：㈱冨山房インターナショナル／製本：㈱藤沢製本
装幀：白沢　正

ISBN 978-4-589-04026-8

© 2019 Joji Yorikawa Printed in Japan

乱丁など不良本がありましたら、ご連絡下さい。送料小社負担にて
お取り替えいたします。
本書についてのご意見・ご感想は、小社ウェブサイト、トップページの
「読者カード」にてお聞かせ下さい。

JCOPY 〈出版者著作権管理機構 委託出版物〉

本書の無断複写は著作権法上での例外を除き禁じられています。複写される
場合は、そのつど事前に、出版者著作権管理機構（電話 03-5244-5088、
FAX 03-5244-5089、e-mail: info@jcopy.or.jp）の許諾を得て下さい。

寄川条路編
大学における〈学問・教育・表現の自由〉を問う
A5判・九六頁・九二六円

大学当局が教授に無断で講義を録音し、告発した教授を解雇した「明治学院大学事件」。東京地裁による解雇無効判決にいたるまでの、事件の全貌を明らかにする。事件の概要、裁判所への法学者による意見書、判決文の解説を収録。本来「学問・教育・表現の自由」が保障されるはずの大学界への教訓として公刊。

阪口正二郎・毛利 透・愛敬浩二編
なぜ表現の自由か
—理論的視座と現況への問い—
A5判・二六六頁・三〇〇〇円

表現の自由は、なぜ・どのように保障されるべきなのかについて憲法学の成果をふまえ考察し、理論的視座と課題を明示する。ヘイトスピーチ・報道・性表現への規制や「忘れられる権利」などの新たな課題も含め、表現の自由を取り巻く現況を考察する。

辻村みよ子著
憲法改正論の焦点
—平和・人権・家族を考える—
四六判・一八〇頁・一八〇〇円

近代立憲主義をくつがえす論議が性急に進む状況を批判的に考察。平和主義（9条）の放棄だけでなく、個人尊重（13条）の軽視、男女平等（24条）の形骸化など、憲法がないがしろにされている実態をみる。いまの憲法改正論を考えるにあたって、見逃されがちであり、しかし必須の視座を提供する。

松宮孝明著
「共謀罪」を問う
—法の解釈・運用をめぐる問題点—
A5判・一〇〇頁・九二六円

刑法学者による監視社会への警鐘の書。恣意的解釈・運用の危険を減らすべく、共謀罪規定の逐条解説をおこない、刑法や刑事訴訟法と関わる問題にも鋭く切り込む。共謀罪の対象犯罪を整理した別表・新旧条文対照表など資料も充実。

戸田 清著
人はなぜ戦争をするのか
A5判・七〇頁・一〇〇〇円

戦争の残虐さや悲惨さを経験しながら「人はなぜ戦争をするのか」という根源的問いに応答するブックレット。生物学や考古学などさまざまな学問的叡智から、その背景や要因を探究し、この〈難問〉に答える。将来への展望として、戦争克服の可能性や平和教育の方向性も提言する。

法律文化社

表示価格は本体（税別）価格です